商业市场营销

吴媛媛　主编

中国原子能出版社
China Atomic Energy Press

图书在版编目（CIP）数据

商业市场营销 / 吴媛媛主编 . -- 北京 : 中国原子能出版社 , 2022.12

ISBN 978-7-5221-2430-8

Ⅰ . ①商… Ⅱ . ①吴… Ⅲ . ①市场营销学 Ⅳ . ① F713.50

中国版本图书馆 CIP 数据核字 (2022) 第 228263 号

商业市场营销

出版发行 中国原子能出版社（北京市海淀区阜成路 43 号 100048）

责任编辑 潘玉玲

责任印制 赵 明

印 刷 北京天恒嘉业印刷有限公司

经 销 全国新华书店

开 本 787mm × 1092mm 1/16

印 张 10. 25

字 数 206 千字

版 次 2022 年 12 月第 1 版 2022 年 12 月第 1 次印刷

书 号 ISBN 978-7-5221-2430-8 定 价 76.00 元

前 言

随着国家经济的不断发展，互联网时代的到来催生出许多新鲜的商业模式。新鲜的商业模式所拥有的多元化发展趋势为活跃在市场中的顾客带来了众多投资选择。人们对于市场营销的模式与方式持续关注，但是商业模式主要是将科学作为基本的理论依据，面对当前企业发展的态势，结合市场营销在企业效益中的价值，了解市场营销在现代市场经济发展进程中的现实意义。市场营销就是企业外部与内部的价值综合应用的发展方式，保证经济效益呈现增长有序的趋势。商业模式的发展为市场营销注入了新鲜血液，并逐渐将传统的营销方式淘汰，使得当前的市场营销发展更具活力与内涵。

在创新现代经济流通环境下的商业流通模式不仅能够有效地纠正传统营销中的弊端，也能够结合当前我国社会主义市场经济发展需求，及时查找出传统商业市场营销模式中存在的弊端，及时对其进行纠正与修改，积极探索革新商业市场营销模式，促进我国商业市场在现代经济流通环境下的流通发展。

本书首先概述了市场营销的基本内容；其次，详细地分析了商业市场营销环境、商业市场营销调研、商业市场细分与目标市场营销战略以及商业市场性营销战略与其他营销战略；再次，对商业市场营销的策略选择进行了探讨；最后，对商业市场营销模式创新做出了详细的研究。

本书在编写过程中参考和借鉴了国内外同行专家的设计和研究成果，在此表示衷心的感谢。由于时间紧，水平有限，难免有许多不足之处，恳请广大读者批评指正。

目　录

第一章　市场营销概述

第一节　市场营销的观念、方法与原则

市场营销（marketing），又称为市场学、市场行销或行销学，MBA、EMBA 等经典商管课程均将市场营销作为对管理者进行管理和教育的重要模块包含在内。市场营销是在创造、沟通、传播和交换产品中，为顾客、客户、合作伙伴以及整个社会带来有价值的活动、过程和体系。它主要是指营销人员针对市场开展经营活动、销售行为的过程。

一、市场营销的观念

根据演变与发展，市场营销的观念可归纳为五种，即生产观念、产品观念、市场营销观念、客户观念和社会市场营销观念。

1. **生产观念**

生产观念是指导销售者行为的最古老的观念之一。这种观念产生于 20 世纪 20 年代前。企业经营哲学不是从消费者需求出发，而是从企业生产出发。其主要表现是“我生产什么，就卖什么”。生产观念认为，消费者喜欢那些可以随处买得到而且价格低廉的产品，企业应致力于提高生产效率和分销效率，扩大生产，降低成本以扩展市场。例如，烽火猎头专家认为美国皮尔斯堡面粉公司，从 1869 年至 20 世纪 20 年代，一直运用生产观念指导企业的经营，当时这家公司提出的口号是“本公司旨在制造面粉”。

美国汽车大王亨利·福特曾傲慢地宣称：“不管顾客需要什么颜色的汽车，我只有一种黑色的。”也是典型表现。显然，生产观念是一种重生产、轻市场营销的商业哲学。生产观念是在卖方市场条件下产生的。在资本主义工业化初期以及第二次世界大战末期和战后一段时期内，由于物资短缺，市场产品供不应求，生产观念在企业经营管理中颇为流行。中国在计划经济旧体制下，由于市场产品短缺，企业不愁其产品没有销路，工商企业在其经营管理中也奉行生产观念，具体表现为：工业企业集中力量发展生产，轻视市场营销，实行以产定销；商业企业集中力量抓货源，工业企业生产什么就收购什么，

工业企业生产多少就收购多少，也不重视市场营销。

生产观念是一种“我们生产什么，消费者就消费什么”的观念。因此，除了物资短缺、产品供不应求的情况，有些企业在产品成本高的条件下，其市场营销管理也受产品观念的支配。例如，亨利·福特在20世纪初期曾倾全力于汽车的大规模生产，努力降低成本，使消费者购买得起，借以提高福特汽车的市场占有率。

生产观念的不足：第一，忽视产品的质量、品种与推销；第二，不考虑消费者的需求；第三，忽视产品的包装和品牌。

2. 产品观念

产品观念也是一种较早的企业经营观念。产品观念认为，消费者最喜欢高质量、多功能和具有某种特色的产品，企业应致力于生产高值产品，并不断加以改进。它产生于市场产品供不应求的“卖方市场”形势下。最容易滋生产品观念的场合，莫过于当企业发明一项新产品时。此时，企业最容易导致“市场营销近视”，即把注意力放在产品上，而不是放在市场需要上，在市场营销管理中缺乏远见，只看到自己的产品质量好，看不到市场需求在变化，致使企业经营陷入困境。

例如，美国 ××× 钟表公司自1869年创立到20世纪50年代，一直被公认为是美国最好的钟表制造商之一。该公司在市场营销管理中强调生产优质产品，并通过由著名珠宝商店、大百货公司等构成的市场营销网络分销产品。1958年之前，公司销售额始终呈上升趋势。但此后其销售额和市场占有率开始下降。造成这种状况的主要原因是市场形势发生了变化：这一时期的许多消费者对名贵手表已经不感兴趣，而趋于购买那些经济、方便且新颖的手表；而且，许多制造商迎合消费者的需要，已经开始生产低档产品，并通过廉价商店、超级市场等大众分销渠道积极推销，从而夺得了美国 ××× 钟表公司的大部分市场份额。美国 ××× 钟表公司竟没有注意到市场形势的变化，依然迷恋于生产精美的传统样式手表，仍旧借助传统渠道销售，认为自己的产品质量好，顾客必然会找上门。结果，致使企业经营遭受重大挫折。

产品观念的不足：其一，市场营销近视症，即过分重视产品本身而不重视市场需求的变化；其二，忽视市场宣传。

3. 市场营销观念

市场营销观念是作为对上述诸观念的挑战而出现的一种新型的企业经营哲学。这种观念是以满足顾客需求为出发点的，即“顾客需要什么，就生产什么”。尽管这种思想由来已久，但其核心原则直到20世纪50年代中期才基本定型，当时社会生产力迅速发展，市场趋势表现为供过于求的买方市场，同时广大居民个人收入迅速提高，有可能对产品进行选择，企业之间为实现产品价值的竞争加剧，许多企业开始认识到，必须转变经营观念，才能求得生存和发展。

市场营销观念认为，实现企业各项目标的关键在于正确确定目标市场的需要和欲望，并且比竞争者更有效地传送目标市场所期望的物品或服务，进而比竞争者更有效地满足目标市场的需要和欲望。市场营销观念的出现使企业经营观念发生了根本性的变化，也使市场营销学发生了一次革命。市场营销观念同推销观念相比具有重大的差别。

西奥多·莱维特曾对推销观念和市场营销观念做过深刻的比较，指出：推销观念注重卖方需要；市场营销观念则注重买方需要。推销观念以卖主需要为出发点，考虑如何把产品变成现金；而市场营销观念则考虑如何通过制造、传送产品以及与最终消费产品有关的所有事物来满足顾客的需要。可见，市场营销观念的四个支柱是：市场中心、顾客导向、协调的市场营销和利润。推销观念的四个支柱是：工厂、产品导向、推销、盈利。从本质上说，市场营销观念是一种以顾客需要和欲望为导向的哲学，是消费者主权论在企业市场营销管理中的体现。

4．客户观念

随着现代营销战略由产品导向转变为客户导向，客户需求及其满意度逐渐成为营销战略成功的关键。各个行业都试图通过卓有成效的方式，及时准确地了解和满足客户需求，进而实现企业目标。

实践证明，不同子市场的客户存在着不同的需求，甚至同属一个子市场的客户的个别需求也会经常变化。为了适应不断变化的市场需求，企业的营销战略必须及时调整。在此营销背景下，越来越多的企业开始由奉行市场营销观念转变为客户观念或顾客观念。所谓客户观念，是指企业注重收集每一个客户以往的交易信息、人口统计信息、心理活动信息、媒体习惯信息以及分销偏好信息等，根据由此确认的不同客户终生价值，分别为每个客户提供各自不同的产品或服务，传播不同的信息，通过提高客户忠诚度，增加每一个客户的购买量，从而确保企业的利润增长。市场营销观念与之不同，它增强的是满足一个子市场的需求，而客户观念则强调满足每一个客户的特殊需求。需要注意的是，客户观念并不是适用于所有企业。一对一营销需要以工厂定制化、运营计算机化、沟通网络化为前提条件，因此，贯彻客户观念要求企业在信息收集、数据库建设、计算机软件和硬件购置等方面进行大量投资，而这并不是每一个企业都能够做到的。有些企业即使舍得花钱，也难免会出现投资大于回报而带来的收益减少的局面。

客户观念最适用于那些善于收集单个客户信息的企业，这些企业所营销的产品能够借助客户数据库的运用实现交叉销售，或产品需要周期性地重购或升级，或产品价值很高。客户观念往往会给这类企业带来异乎寻常的效益。

5．社会市场营销观念

社会市场营销观念是对市场营销观念的修改和补充。它产生于20世纪70年代西方资本主义出现能源短缺、通货膨胀、失业增加、环境污染严重、消费者保护运动盛行的新形势下。因为市场营销观念回避了消费者需要、消费者利益和长期社会福利之间隐含着冲突的现实。社会市场营销观念认为，企业的任务是确定各个目标市场的需要、欲望和利益，并以保护或提高消费者和社会福利的方式，比竞争者更有效、更有利地向目标市场提供能够满足其需要、欲望和利益的物品或服务。社会市场营销观念要求市场营销者在制定市场营销政策时，要统筹兼顾三个方面的利益，即企业利润、消费者需要的满足和社会利益。

上述五种企业经营观，其产生和存在都有其历史背景和必然性，都是与一定的条件相联系、相适应的。当前，外国企业正在从生产型向经营型或经营服务型转变，企业为了求得生存和发展，必须树立具有现代意识的市场营销观念、社会市场营销观念。但是，必须指出的是，由于诸多因素的制约，当今美国企业不是都树立了市场营销观念和社会市场营销观念。事实上，还有许多企业仍然以产品观念及推销观念为导向。中国仍处于社会主义市场经济初级阶段，由于社会生产力发展程度及市场发展趋势、经济体制改革状况及广大居民收入状况等因素的制约，中国企业经营观念仍处于以推销观念为主、多种观念并存的阶段。大营销观念于 20 世纪 80 年代中期提出。

20 世纪 70 年代末，资本主义经济不景气和持续“滞涨”导致西方国家纷纷采取贸易保护主义措施。在贸易保护主义思潮日益增长的条件下，从事国际营销的企业为了成功进入特定市场从事经营活动，除了运用好产品、价格、渠道、促销等传统的营销策略，还必须依靠权力和公共关系来突破进入市场的障碍。大市场营销观念对于从事国际营销的企业具有现实意义，重视和恰当地运用这一观念有益于企业突破贸易保护障碍，占据市场。

二、市场营销的方法

1．整合营销传播

整合营销传播是指将一个企业的各种传播方式加以综合集成，其中包括一般的广告、与客户的直接沟通、促销、公关等，对分散的传播信息进行无缝接合，从而使得企业及其产品和服务的总体传播效果达到明确、连续、一致和提升。

2．数据库营销

数据库营销是指以特定的方式在网络上（资料库或社区）或是实体收集消费者的消费行为资讯、厂商的销售资讯，并将这些资讯以固定格式累积在数据库当中，在适当的行销时机，以此数据库进行统计分析的行销行为。

3．网络营销

网络营销是企业整体营销战略的一个组成部分，是为实现企业总体经营目标所进行的，以互联网为基本手段营造网上经营环境的各种活动。网络营销的职能包括网站推广、网络品牌、信息发布、在线调研、顾客关系、顾客服务、销售渠道和销售促进八个方面。

4. 直复营销

直复营销是指在没有中间行销商的情况下，利用消费者直接通路来接触及传送货品和服务给客户。其最大特色为“直接与消费者沟通或不经过分销商而进行的销售活动”，乃是利用一种或多种媒体，理论上可到达任何目标对象所在区域，包括地区上的以及定位上的区隔，且是一种可以衡量回应或交易结果的行销模式。

5. 关系营销

关系营销：在很多情况下，公司并不能寻求即时的交易，所以他们会与长期供应商建立顾客关系。公司想要展现给顾客的是卓越的服务能力，顾客多是大型且全球性的。他们偏好可以提供不同地区配套产品或服务的供应商，且可以快速解决各地的问题。当顾客关系管理计划被执行时，组织就必须同时注重顾客和产品管理；同时，公司必须明白，虽然关系营销很重要，但并不是在任何情况下都会有效。因此，公司必须评估哪一个部门与哪一种特定的顾客采用关系营销最有利。

6. 绿色营销

绿色营销是指企业为了迎合消费者绿色消费的消费习惯，将绿色环保主义作为企业产品的价值观导向，以绿色文化为其生产理念，力求满足消费者对绿色产品的需求所做的营销活动。

7. 社会营销

社会营销是基于人具有“经济人”和“社会人”的双重特性，运用类似商业上的营销手段达到社会公益的目的；或者运用社会公益价值推广其商品或商业服务的一种手段。与一般营销一样，社会营销的目的也是有意识地改变目标人群（消费者）的行为。但是，与一般商业营销模式不同的是，社会营销中所追求的行为改变动力更多来自非商业动力，或者将非商业行为模拟出商业性卖点。

8. 病毒营销

病毒营销是一种信息传递策略，通过公众将信息廉价复制，告诉其他受众，从而迅速扩大自己的影响力。和传统营销相比，受众自愿接受的特点使得成本更少，收益更多。

9. 危机营销

1）适当延长产品经营线

经销商在代理经营制造商的产品时，在尽可能的情况下，适当延长自己的产品经营线，以分化因制造商的危机而带来的风险。以某区域的经销商老王为例，其经营的产品线过于单一，主打产品就是乐百氏和汇源系列，结果在此次风波中，损失很大，虽然也采取了一些补救措施，但对其所造成的影响在一定的时期内却是灾难性的。

2）加大对终端网络的建设和维护力度

对一个成功的经销商来讲，产品多样化经营是必要的，但主要依靠的应该是终端网络来生存而不是某一两个产品。只有这样，才能在发生危机时快速调整经营的产品及策略，充分利用自己所掌控的终端网络，以降低风险性。

3）加强与制造商的合作

一般情况下，企业承受风险的能力要远远大于经销商。当制造商危机来临时，经销商应该观察一段时间，不要立即把货退给制造商，那种非常冲动的经销商，当企业危机过去的时候，他自己的损失是最大的，企业也不会再和这样的经销商合作，这一般都是一些没有实力和眼光的经销商的表现。特别是对于一些知名的企业，只要厂家向经销商传达的信息是积极主动的，经销商就应该很好地配合厂家。只要厂家遵守承诺，该退货的退货，该赔偿的赔偿，聪明的经销商此时应该和厂家同舟共济，共同面对当前的不利局面。毕竟“锦上添花”的事并没什么值得称道的，而“雪中送炭”才会令人记忆深刻。这样经销商不仅可以减少风险，而且在制造商的危机过去以后，还可以确立和企业更为密切的合作关系，相信在厂家的销售政策、促销力度等方面，也会取得更为丰厚的回报。

4）提高自身的经营能力

在现代商业经营中，机遇和风险是并存的。要想成为一个优秀的经销商，就应该学会未雨绸缪，要时刻树立危机意识，时刻关心厂家、产品和市场的动态，合理把握自身的资金流、库存、网络、配送的关系，强化内部管理，吸收先进经验。同时注意行业信息的收集，为危机做好规划，知道自己准备好之后的力量，才能与市场周旋。这样才能善于抓住机遇，避免危机和风险。成功的经销商各有各的特色，失败的经销商却有很多相似之处，关键在于对危机的判断和反应能力。只有学会正确处理危机，才能在危机降临时化危为机，从而在现代商业战场上取得辉煌的胜利。

三、市场营销的原则

1. 诚实守信原则

诚实守信又是基本层的道德要求的最基础部分，它是企业经商道德的最重要的品德标准，是其他标准的基础。在我国传统经商实践中，它被奉为至上的律条。

2. 义利兼顾原则

义利兼顾是指企业获利，要同时考虑是否符合消费者的利益，是否符合社会整体和长远的利益。利是目标，义是要遵守达到这一目标的合理规则。二者应该同时加以重视，达到兼顾的目标。义利兼顾的思想是处理好利己和利他的关系的基本原则。

3．互惠互利原则

互惠互利是进一步针对企业的营销活动的性质，提出的交易中的基本信条。互惠互利原则要求在市场营销行为中，正确地分析、评价自身的利益，评价利益相关者的利益，对自己有利而对利益相关者不利的活动，由于不能得到对方的响应，而无法进行下去。而对他人有利，对自己无利的，又使经济活动成为无源之水，无本之木。

4．理性和谐原则

理性和谐原则是企业道德化活动达到的理想目标模式。在市场营销中，理性就是运用知识手段科学分析市场环境，准确预测未来市场发展变化状况，不好大喜功，单纯追求市场占有率，而损失利润；或像营销界一直抨击的秦池一样，不问自身的生产条件，只为“标王”而付出高昂的代价，最终只能自食恶果。

第二节 理解营销管理

市场营销管理是指为创造达到个人和机构目标的交换，而规划和实施理念、产品和服务的构思、定价、分销和促销的过程。市场营销管理是一个过程，包括分析、规划、执行和控制。其管理的对象包含理念、产品和服务。市场营销管理的基础是交换，目的是满足各方需要。市场营销管理的主要任务是刺激消费者对产品的需求，但不能局限于此。它还帮助公司在实现其营销目标的过程中影响需求水平、需求时间和需求构成。因此，市场营销管理的任务是刺激、创造、适应及影响消费者的需求。从此意义上说，市场营销管理的本质是需求管理。

一、营销管理的类型

任何市场均可能存在不同的需求状况，市场营销管理的任务是通过不同的市场营销策略来解决不同的需求状况。

1．负需求

负需求是指市场上众多顾客不喜欢某种产品或服务。例如，许多老年人为预防各种老年疾病不敢吃甜点心和肥肉。又如，有些顾客害怕冒险而不敢乘飞机，或害怕化纤纺织品有毒物质损害身体而不敢购买化纤服装。市场营销管理的任务是分析人们为什么不喜欢这些产品，并针对目标顾客的需求重新设计产品、定价，做更积极的促销，或改变顾客对某些产品或服务的信念，诸如宣传老年人适当吃甜食可促进脑血液循环、乘坐飞机出事的概率比较小等。把负需求变为正需求，称为改变市场营销。

2．无需求

无需求是指目标市场顾客对某种产品毫无兴趣或漠不关心，如许多非洲国家居民从不穿鞋子，对鞋子无需求。通常情况下，市场对下列产品无需求。

（1）人们一般认为无价值的废旧物资。

（2）人们一般认为有价值，但在特定环境下无价值的东西。

（3）新产品或消费者平时不熟悉的物品等。市场营销者的任务是刺激市场营销，即创造需求，通过有效的促销手段把产品利益同人们的自然需求及兴趣结合起来。

3．潜伏需求

潜伏需求是指现有的产品或服务不能满足许多消费者的强烈需求。例如，老年人需要高植物蛋白、低胆固醇的保健食品，美观大方的服饰，安全、舒适、服务周到的交通工具，等等，但许多企业尚未重视老年市场的需求。潜伏需求和潜在需求不同，潜在需求是指消费者对某些产品或服务有消费需求而无购买力，或有购买力但并不急于购买的需求状况。企业市场营销的任务是准确地衡量潜在市场需求，开发有效的产品和服务，即开发市场营销。

4．下降需求

下降需求是指目标市场顾客对某些产品或服务的需求出现了下降趋势，如城市居民对电风扇的需求渐趋饱和，需求相对减少。市场营销者要了解顾客需求下降的原因，或通过改变产品的特色，采用更有效的沟通方法再刺激需求，即创造性地再营销，或通过寻求新的目标市场，以扭转需求下降的格局。

5．不规则需求

不规则需求是指许多企业常面临因季节、月份、周、日、时对产品或服务需求的变化，而造成生产能力和商品的闲置或过度使用。如在公用交通工具方面，在运输高峰时不够用，在非高峰时则闲置不用。又如在旅游旺季时旅馆紧张和短缺，在旅游淡季时旅馆空闲。再如节假日或周末时商店拥挤，在平时商店顾客稀少。市场营销的任务是通过灵活的定价、促销及其他激励因素改变需求时间模式，这称为同步营销。

6．充分需求

充分需求（full demand）是指某种产品或服务现今的需求水平和时间等于期望的需求，但消费者需求会不断变化，竞争日益加剧。因此，企业营销的任务是改进产品质量及不断估计消费者的满足程度，维持现时需求，这称为“维持营销”。

7．过度需求

过度需求是指市场上顾客对某些产品的需求超过了企业的供应能力，产品供不应求。例如，由于人口过多或物资短缺，引起交通、能源及住房等产品供不应求。企业营销管理的任务是减缓营销，可以通过提高价格、减少促销和服务等方式使需求减少。企业最好选择那些利润较少、要求提供服务不多的目标顾客作为减缓营销的对象。减缓营销的目的不是破坏需求，而是暂缓需求水平。

8．有害需求

有害需求是指对消费者身心健康有害的产品或服务，如烟、酒、毒品、黄色书刊等。企业营销管理的任务是通过提价、传播恐怖以减少可购买的机会，或通过立法禁止销售，称之为反市场营销。反市场营销的目的是采取相应措施消灭某些有害的需求。

二、营销管理的管理原则

1．控制过程比控制结果更重要

经常听到某些营销经理对业务员说："不管你是怎么卖的，只要你能卖出去就行，公司要的是销售额。"这是典型"结果导向"的营销管理，在目前的市场营销环境中，上述观念不仅没有道理，而且已经失去了市场。如果哪个营销经理对业务员是如此要求的，他最终肯定得不到市场，也得不到他所希望的销售额。这是一种典型的只管结果而不管过程的营销管理观念。

现代营销观念认为：营销管理重在过程，控制了过程就控制了结果。结果只能由过程产生，什么样的过程产生什么样的结果。现代营销管理中最可怕的现象是"暗箱操作"和"过程管理不透明"，并因此而导致过程管理失控，过程管理失控最终必然表现为结果失控。企业采取"结果导向"还是"过程导向"的营销管理，在很大程度上决定了营销管理最终的成败。我们并不完全反对依靠结果进行营销管理，通过对营销结果的分析，同样能够发现并采取有效的措施进行控制。但实际上，"结果导向"的控制只能起到"亡羊补牢"的效果，因为结果具有滞后性，企业今年的销售情况好，可能是去年营销努力的结果，而今年的营销努力可能经过很长的时间才能体现出来。在现代企业营销决策中，必须根据最新的市场信息进行决策。如果单纯根据具有时间滞后效应的"营销结果"进行营销决策，进行营销管理，显然是不行的。

对营销人员的过程管理，最基本的要求是控制到"每个营销人员每天的每件事"。将营销人员的过程管理发挥到极致的企业是海尔集团，他们对营销人员的控制称为"三E管理"，即管理到每个营销人员（everyone）每一天（everyday）的每一件事（everything）。海尔集团下属的某公司虽然仅有40多名驻外营销人员，但其总部的营销管理人员却多达4名，这4名营销管理人员的任务就是对营销人员的全部营销过程进行控制。每天早晨8点，总部的管理人员都要打电话对大多数营销人员进行检查，看他们是否准时到达指定客户（或工作地点）开展营销工作；每天傍晚5~6点，营销人员都要准时与总部管理人员联系，汇报当日工作，包括到什么地方，拜访什么客户，商谈什么问题，解决了什么问题，还存在什么问题，需要公司提供何种帮助，客户的姓名、地址、电话等，以及明天的工作计划。总部管理人员将汇报的所有信息记录在公司的“日清单”上。公司总部将根据汇报的信息定期或不定期进行抽查，调查汇报信息的真实性。营销人员每天也要填写“日清单”（相当于行销日记）。营销人员回公司报销、述职时，管理人员要对照“日清单”核定票据的真实性，然后才予以报销。

海尔公司对营销人员进行全过程管理的“三E管理”起到了下列五大作用。

（1）它使所有营销人员的工作都处于受控状态，使很多企业管理人员常常感叹的营销人员“将在外，君命有所不受”的状态彻底改观。

（2）人都是有惰性的，有些营销人员取得了一点小小的成绩后，业绩难以再提高，往往是惰性使然，由于采取“三E管理”，营销人员时刻感受到工作的压力，这种压力可以变为动力，可以克服惰性，当然，也有助于营销人员提高销售业绩。

（3）“三E管理”通过营销人员记“日清单”，不断反省自己，总结经验教训，从而使营销人员的工作能力大大提高，每天都有进步。

（4）通过“三E管理”，总部掌握了营销人员的销售进展情况，使公司能够在营销人员最需要时向他们提供最及时的销售支持。

（5）公司通过分析“日清单”，能够掌握市场总体状况，能够及时调整营销政策和营销思路。

对经销商的过程管理，其基本要求是管理到“每件产品以什么价格流向哪个市场”。对经销商的过程管理，难度要比对营销人员的过程管理大得多。因为营销人员属于“内部人”，是“可控因素”，而经销商属于“外部人”，是“不可控因素”。正是因为对经销商的管理不好管，很多经销商不服管，对很多有实力、有谈判地位的经销商不敢管，才导致众多企业对经销商管理失控，并最终表现为市场失控。对经销商的过程管理，亟须解决的有两个问题：一是敢不敢管的问题；二是管理手段和管理工具的问题。对经销商不敢管是营销管理中普遍存在的一种现象，特别是那些实力强大的经销商，更是不敢管、不敢问，害怕关系弄僵影响销售。实际上，对经销商越是不敢管，经销商的经营能力就越差，对企业的危害就越大。格力公司对经销商管理的一个原则是：只要违反原则，一律严惩不贷。一次，一个年销售额达1.5亿元的经销商来到公司要求特殊待遇，不服从公司的管理，公司营销经理不仅没有理他，而且毫不犹豫地把他开除公司的经销网。正是由于格力公司对经销商敢管，因此，格力的经销商都是最优秀的经销商。

2．该说的要说到，说到的要做到，做到的要见到

“该说的要说到，说到的要做到，做到的要见到”，这是ISO 9000质量保证体系的精髓，这三句话同样可以有效运用于营销管理，而且应该成为营销管理的精髓。

“该说的要说到”，它的基本含义是指营销管理必须制度化、规范化、程序化，对营销管理的对象、内容、程序都必须以文件和制度的形式予以规范，避免营销管理过程的随意性，实行“法治”而不是“人治”。在营销管理中必须树立“法”的权威性而不是人的权威性，营销管理的“法”就是营销管理制度。因此，成功的营销管理首要任务是建立营销管理制度，依法管理，依制度管理。想到哪儿就管到哪儿，想怎么管就怎么管，这是营销管理的大忌，也是目前普遍存在的营销管理现象，根治这一管理弊端最有效的措施就是坚定不移地贯彻“该说的要说到”这一营销管理的基本理念。

“说到的要做到”这句话的含义要容易理解得多，但执行的难度也大得多。“说到的要做到”指的是凡是制度化的内容，都必须不折不扣地执行。企业管理最可怕的不是没有制度，而是制度没有权威性。有制度而不能有效执行，或有制度不执行，比没有制度对企业管理的危害更大。

“做到的要见到”是营销管理中普遍存在的盲区，它的含义是：凡是已经发生的营销行为都必须留下记录，没有记录就等于没有发生。营销人员每天的工作要通过《行销日记》留下记录，理货员的理货工作要通过《理货记录》留下记载，与客户的交易要通过《客户交易卡》留下记录，营销人员发生的营销费用要通过《费用控制卡》留下记录，对客户的考察要通过《客户信用评估卡》留下记录，对市场的考察要通过《市场考察报告》留下记录，营销人员每月（季、年）的工作要通过月（季、年）度业绩报告留下记录，客户（营销人员）的来电要通过《电话记录卡》留下记录，现场促销要通过《促销报告》留下记录。

“没有记录就等于没有发生”是营销管理的一个重要理念，它对营销管理有三大作用：一是建立了责任（业绩）追踪制度，当每件事都留下记录时，就很容易对事件的责任进行追诉；二是使营销过程透明化，能够有效避免营销过程中的“暗箱操作”现象和营销人员在工作中不负责任的现象；三是营销人员可以通过营销记录进行总结提高。

3. 预防性的事前管理重于问题性的事后管理

营销管理人员通常有两种典型的管理方式：一种人习惯于“问题管理”；另一种人习惯于“预防管理”。习惯于“问题管理”的管理者，他们的管理特点是哪里发生问题，就到哪里解决问题，“问题管理”属于事后纠错式的管理，这种管理只能解决已经发生的问题，而不能预防问题的发生。习惯于“预防管理”的管理者，他们的管理特点是在问题发生之前就已经预料到问题可能会发生，并采取相应的措施预防问题的发生。

一个企业的营销管理不可能没有事后的“问题管理”，但问题管理太多，只能说明管理的失败。一个习惯于“问题管理”的管理人员，无论他解决问题的能力有多强，他曾经解决的问题难度有多大，他曾经做出过多么轰轰烈烈的事，这样的管理者总是很难成为最优秀的营销管理人员。最优秀的营销管理人员总是由于他们的远见和洞察力，由于他们的调研能力，把问题消灭在萌芽之前。习惯于“预防管理”的营销管理者，可能并没有习惯于问题性管理者那样津津乐道的故事，他们的管理经历由于预防了问题的发生而显得平平淡淡。

“凡事预则立，不预则废。”凡是没有做好预防性营销管理的企业，必然会由于问题成堆而不得不花大量的时间去解决问题，这又使得他们缺乏时间和精力去预防问题，从而形成恶性循环。要做营销管理的预防性工作，就必须加强调研，通过调研发现问题的苗头，发现问题的规律，发现可能发生的问题。一个整天坐在办公室里的营销管理人员是很难做好预防管理工作的，每个营销管理人员必须明白：他的工作场所在销售一线，只有深入一线才能发现真正的问题，才能提前发现问题。在生产领域，最优秀的生产管理人员最有效的管理方式是“走动管理”。在营销管理领域，最优秀的营销管理人员最有效的管理方式还是“走动管理”，即要经常到市场上走一走，去发现问题，现场解决问题。

普遍的管理者解决问题后就完了；而优秀的管理者还要思考问题的性质，是例外问题还是例常问题。例外问题是偶然发生的问题，而例常问题是重复发生的问题。优秀的管理者解决例常问题后，需要建立一种规则、一种政策、一种原则，以后发生类似的问题，根据原则处理就行了。

4．营销管理的最高境界是标准化

长期以来，我们更多地把营销当作一种艺术，经验、悟性、灵感和个人的随机应变占有更重要的地位，因此，大多数企业的销售可以称为“精英销售”或“英雄主义的销售”。那些企业拥有了几个优秀的营销人员，靠这些优秀的营销人员个人的杰出能力，就能为企业在市场上打出一片天下。营销经理们总是千方百计从各种渠道挖掘优秀的营销人才。遗憾的是，“营销精英”们的跳槽频率极高（他们总是竞争对手挖墙脚的对象），管理起来难度也极大。他们既能为企业开发市场，也最容易毁掉企业的市场，甚至将客户带往竞争对手那里。“精英销售”体制还给企业带来一个问题：当企业没有找到或没有培养出“营销精英”时，企业只有通过那些普通的营销人员反复“花钱买教训”和“交学费”来获得提高。这是代价和风险极高的营销体制。

观察世界优秀企业的营销管理，发现他们有一个重要的管理理念：让平凡的人做出不平凡的业绩。优秀企业更重视企业的整体营销能力而不是个人的推销能力。如何才能让平凡的人做出不平凡的业绩？最好的方法就是标准化。国外优秀企业不仅能够把生产过程标准化（如麦当劳仅标准化操作手册就有几百本），而且尽可能地将营销过程标准化，如可口可乐公司不仅将产品在超市的陈列方式标准化，而且对营销人员巡视市场时是顺时针方向走还是逆时针方向走都有明确规定。优秀企业都有自己的标准化营销手册，营销人员人手一册。有些企业更深入一层，甚至将经销商的销售过程规范化，如松下公司仅客户销售手册就有几十本，营销人员经常性地对经销商进行标准化操作与管理培训，从而保证每个经销商都能规范运作。

标准化的营销程序与标准化的营销管理，通常是在对营销各方面深入细致研究的基础上，借鉴优秀企业和优秀营销人员的“经验”与“教训”而制定的，它的最大优点就是避免营销人员反复“交学费”，避免由于营销人员个人的经验、能力、悟性等不足而可能给企业造成损失。一个平凡的营销人员，只要按照标准化的营销程序从事营销工作，就可以尽可能地避免失误，并取得超乎个人能力的业绩。

优秀企业都有这样的特点：靠科学、标准化的营销建立企业强大的营销能力，而不是靠一两个能干的营销人员。那些在科学、标准化的营销体制之下业绩出众的普通营销人员，一旦离开该企业，离开企业强大的营销能力的支撑，业绩立即大滑坡。因此，在标准化的营销管理体系之下，营销人员的离职率相对较低，离职后对企业的损失也相对较小。

第三节　企业对待市场导向的创新思想

随着经济活动，尤其是市场经济日趋成熟，营销作为实践指导性很强的理论发生了较为深刻的变化；同时，理论的变化对企业经营理念、管理模式、市场规则等也带来了深远的影响。营销要以市场为导向、以需求为中心，这种观念的确立是建立在市场竞争比较充分、买方市场倾向、产品无差异化日趋严重的现实基础上。以市场为导向，就是要充分尊重市场规律，承认市场的作用和能量，把握市场趋势，以市场接受的方式引领、调整包括营销在内的各种企业行为。

一、以市场为导向而非以产品为导向

以产品为导向的理念曾在很长时期内被广泛接受，甚至现在仍有企业把它作为营销指引。以产品为导向的核心思想认为只要生产（或销售）出质量更好的商品，就一定会吸引更多的消费者购买，稳固并扩大市场份额。这是一种主观意识下的观点，实质是忽视买方和竞争对手的能量，强迫市场被动接受卖方的改变。显然，在卖方市场或垄断行业中，企业以提高产品内涵谋取高额利润是非常正常的行为选择，也是最简单高效的行为选择。但严格地讲，产品导向型营销并不是真正意义上的市场营销，因为这种营销没有真正在市场中进行，是脱离市场、否认市场的行为。在纷繁复杂、参与要素众多的现实市场条件下，必须充分换位思考，与各参与方实时互动，准确把握市场脉搏和发展趋势，才能真正找到企业的市场定位，发掘到含量最高的市场金矿。

营销是不同于销售并高于销售的独立环节。以市场为导向的营销，需要企业将营销环节前置，营销先行，用营销统领整个运营过程。在组织生产和销售之前，就要进行市场调查，确定全盘运营规划。要不断改进市场调查方法和分析手段，始终致力于掌握更真实的市场需求和研判出更准确的市场趋向。要根据市场需求，并适度前瞻性地设计产品和销售方案。要把市场调查、生产、销售、售后有机整合，形成相互促进、循环上升的体系。

“没有疲软的市场，只有疲软的产品。”一种产品活力的丧失，最主要的原因是其背离了市场需求。因此，要想保证企业的永续发展，需要在运营中紧盯市场，不断根据市场变化调整产品内容。一个公认的事实是，在市场竞争中，能够彻底打击对手以脱颖而出的方法是提供差异化很强、对手无法快速跟进模仿的产品或服务。但是差异化也是一把双刃剑，存在被市场接受和与市场背离的两种情况。打造市场接受的差异化，就需要从市场自身需求出发，根据市场取向而变化。不断地拉近与市场需求的距离，就是最有效地拉大与对手的差异化距离。

二、以市场为导向而非以客户为导向

关于营销有一种理解是以市场为导向就是以客户为导向，要以客户为中心开展营销。考察这种观点，首先要对客户的定义进行明确，客户是指特定的消费群体还是全部的消费群体。如果仅是为特定的消费群体提供产品和服务，企业面临的是巨大的机会成本和自主性的丧失。市场和需求是不断变化的，相应地，消费者的水平和结构也是不断变化的，当特定的消费群体势力变小甚至消失时，企业的利润空间也就会随之减少甚至难以为继。市场是由全体参与要素共同构成的，不只包括消费者，还有政府、竞争者、上下游行业、宏观经济等影响因素。只以消费者或特定的消费者为导向，是片面的、不客观的。要从多角色、多角度进行营销考核和策划，坚持用发展的眼光寻找未来的市场定位。特定的产品针对特定的用户，这是正确的，并且是必须明确坚持的，但是营销不同于单一的产品，营销是动态的过程，其成功关键在于随需而变的调整。

三、市场导向的核心思想及营销发展

以市场为导向还可以用来引申理解企业的组织行为。营销不是只针对特定客户，企业也不一定只生存于特定市场。企业的实质是人和资本结合而成的利益追逐体，其宗旨是追求利润最大化。资本天生就是贪婪的，要向高利润行业流动的。成功的企业经营者不应满足于仅拥有专属行业的从业经验，更重要的是对内不断加深对资本特性的认知，熟练掌握驾驭资本的能力，对外不断加强分析判断市场的能力。在人与资本的组合中，要以人为主体，使资本为人服务，而不是人为资本服务。企业运作总是要经历从产品运营、资金运营到资本运营的不断进步。资本没有固定的姓氏，它不属于特定的行业，人也同样不属于固定的市场。

1．市场导向的核心思想

市场导向作为现代企业营销管理的一个基本理念被许多企业所认同，是因为其核心思想具有先进性，适应时代的发展要求，而具有时代性，能促进企业实现可持续发展。其主要思想理念有以下几个。

1）树立顾客至上理念

这是市场导向的首要因素，其基本思想是向顾客提供所需要的产品。也就是说，企业的整个市场营销活动必须从明确顾客的需求开始，以满足顾客需求而告终。因此，它要求企业的经营活动要围绕着一个中心展开，那就是顾客满意。怎样让顾客满意？就是自觉地调整企业的经营理念，认真研究顾客的需求，并以适当的方法在适合的时间和地点提供需要的产品与服务。这是市场营销所应遵循的基本原则。

2）创建竞争优势

市场导向的第二个核心理念是创建竞争优势，与以往只注重追求销售额的理念不同，它更加强调企业必须具备取得长期的最大限度的利润的竞争能力。企业不能采用急功近利的做法，而应该坚持长期发展战略。在利润的取得上，不拘泥于每次交易的利润大小，而是着眼于企业的长远发展，把争取顾客信任、扩大市场占有率作为最高目标，以期谋取稳定的利润来源。在生产导向和推销导向的影响下，衡量企业经济效益的一个唯一标准是利润；在市场导向指导下，衡量企业获得经济效益能力的标准主要是市场地位、市场占有率、投资收益率。以市场占有率为目标，虽然在短期内利润可能不高，但一旦在市场上居优势地位，企业可获得更持久、更高的回报。

3）实施整体营销策略

整体营销包括两个方面的要求：一方面，要求市场营销的多项活动密切配合。生产的发展、分配政策的选择、市场研究与预测、广告与销售等工作，都必须相互配合，成为一个整体，并在统一领导下进行工作。另一方面，整个市场营销活动必须与企业其他各个部门的活动协调一致。市场导向与生产导向相比有一个重要变化：在生产导向下，企业的典型做法是各个部门都从本位出发，各行其是；在市场导向下，则认为企业各部门是互相依赖、互相促进的。例如，营销部门根据市场需求变化，要增加生产新产品，生产部门就要考虑现有的生产、技术力量及设备能力，财务部门要考虑财务能力，做到与市场需求相适应。

2．市场导向营销的发展

值得注意的是，市场导向也引起了学者的争议。他们认为，市场导向事实上包括满足顾客需求和谋取最大利润这两个相对立的目标。企业要同时兼顾这两个目标，就不免经常处于矛盾之中。有人认为，单纯的市场导向提高了人们对需求满足的期望和敏感，加剧了满足眼前消费需求与长远的社会福利之间的冲突，导致产品过早衰退，浪费了一部分物质资源。

基于上述情况，发达国家在 20 世纪 70 年代又提出了“社会营销”的理念。社会营销理念是对市场导向的重要补充和完善。它的基本内容是：企业提供产品，不仅要满足消费者的需要与欲望，而且要符合消费者和社会的长远利益，企业要关心与增进社会福利，将企业利润、消费需要和社会福利三个方面统一起来。

20 世纪 80 年代初，一些学者又提出了市场营销的“生态”观念。所谓生态营销观，指的是企业如同有机体一样，要同它的生存环境相协调。由于科学技术的发展，专业化和分工更细，企业与外界环境的相互依存、相互制约关系日益明显。企业要以有限的资源去满足消费者的无限需求，必须利用自己所擅长的，发挥优势，去生产既是消费者需要的产品，又是自己所擅长的产品。

市场导向的内涵在不断地完善，这对于指导企业营销实践发挥了重要作用。但是，尽管如此，对于市场导向仍须辩证地看。首先，并非所有企业都必须绝对一律奉行市场导向。有的学者指出，在某些情况下，对于一些企业来说，取得成功的关键可能是依靠先进技术。因此，尽管市场导向极有价值，但在某些情况下，其他导向也许更为适宜。事实上，在市场经济发达的国家，实践市场导向的企业中，生产经营消费资料的企业多于生产经营产业用品的企业，大企业多于小企业，也就是说，并非所有企业都在一律地奉行这种市场导向。其次，市场导向与生产导向是不可偏废的。从理论上讲，为了更好地满足社会消费的需要，一方面要求生产紧随消费，另一方面有时也要求生产走在需求的前面。完全按照购买者的需要与欲望去组织生产，可能会压抑产品创新。发明家、科学家、工程师、大学教授给世界带来了电话、电灯、激光、静电印刷术、晶体管等，靠的是对科学知识的追求，而不是来自市场导向的启迪。这说明盲目推举市场导向，既不符合实际情况，也有可能导致忽视科技进步、压抑产品创新、放松生产管理等严重后果。

市场导向型营销的实质是坚持不断创新，根据内外部环境变化调整营销理念和手段，增强企业的适应性和可塑性。营销无定式，只有在市场中审慎科学地摸索规律，相机而动，才能使企业真正立于不败之地。

第四节　营销的观念创新与方法创新

创新，在一定意义上讲，就是参照一定的对象进行有效差异化。营销创新就是差异化导向和差异化维度的选择。营销差异化导向有生产导向、消费者导向和竞争者导向。

营销差异化维度有营销组织、营销制度、营销观念、营销市场、营销策略等维度。不同的企业应根据实际情况具体选择不同的差异化导向和维度创新。

一、市场营销观念的创新

市场营销观念就是在市场上销售产品的思路与理念，它决定着企业市场营销的方向。与传统营销观念相比，现代营销观念的创新使企业所营销的产品在属性上发生了改变，具有了深层次的文化内涵。新营销观念主要体现在以下几个方面。

1. 文化营销

文化营销是指把商品作为文化的载体，通过市场交换进入消费者的意识，它在一定程度上反映了消费者对物质和精神追求的各种文化要素，是企业有意识地通过发现、甄别、创造某些核心价值观念，对目标消费者加以因势利导，从而达到企业目标的一种营销理念。文化营销的创新点在于将对文化差异、不同文化发展的关注注入营销全过程中，而消费者在消费过程中得到文化层面上的认可和尊重。

2. 知识营销

知识营销，即高度重视知识、信息和智力，凭知识和智力而不是凭经验在日益激烈的市场竞争中取胜。企业在营销过程中，其广告、宣传、公关、产品等都注入一定的知识含量与文化内涵，通过向消费者传播新产品所包含的科学技术、文化知识以及知识对人们生活的影响，提高他们的消费与生活质量，从而达到推广产品、树立形象、提升品牌力，激发消费者的需求和欲望的目的。知识营销的创新点在于以知识的传播、运用、增值为流通商品或商品的一个组成部分。而消费者则能得到更多的知识，能更有效地消费产品。

3. 绿色营销

绿色营销、现代企业管理、绿色管理体系、绿色营销策略、竞争力，这些概念日益进入人们的视野。企业形象随着消费者对于绿色消费的认可度的提高以及营销活动对环境影响的增大，绿色营销的概念逐渐形成并广泛传播应用。在现代企业管理中，绿色营销概念也得到了广泛的应用，许多现代管理企业将绿色营销概念融入管理理念中，创造一种绿色管理体制，从而促进公司的管理发展。但是只有更深入地理解绿色营销以及绿色营销对企业管理的意义，才能在正式的企业管理工作中更深入地运用绿色营销理念和方法，促进现代企业管理工作的发展。

（1）绿色营销的含义

绿色营销是指企业在生产经营活动中注重生态保护，促进经济发展与环境保护的和谐共存，以满足消费者的绿色消费需求为中心和出发点，并将企业利益、消费者利益、环境利益共同结合起来，促进和谐共存发展的一种营销理念。绿色营销要求企业在各种活动中体现绿色思想，生产方式要符合环保标准，经营方式要满足绿色要求，企业管理也要高效、绿色。企业在生产、营销、管理等工作中都应该注重绿色营销理念的体现。在生产中节约生产原料，加强回收利用；在营销中满足消费者的绿色消费需求，降低营销污染；在管理中建立绿色管理体系，采用绿色高效的管理办法，施行绿色节能、人性化的管理措施。

（2）绿色营销的特点

绿色营销在现代企业中得到了广泛应用，这得益于绿色营销的特点，其特点符合当代消费对于绿色环保概念的要求，体现了可持续发展思想，并且绿色营销概念与企业发展并不冲突，其特点符合企业经济发展需求。绿色营销主要有以下几个特点：第一，兼顾性。兼顾性是指绿色营销能够做到将企业利益、消费者利益以及环境保护三种看似矛盾的因素结合起来，即指企业运用绿色营销理念和方法，能够更好地实现满足消费者需求、企业发展以及环境保护的目标，促进三者的协调发展，这是绿色营销得以发展应用的最主要原因之一。第二，法律性。绿色营销办法在近年来也已经有了更加具体的法律法规的约束，从法律角度保护消费者权益，企业有法可依，也能更好地进行管理体系的构建。第三，相互性。绿色营销并不只针对企业本身，对于消费者也能产生影响，促进消费者自觉保护环境、提高环境保护意识；在企业管理方面，也能促进员工自身的绿色环保思想的发展，更积极地配合企业管理工作，这种相互影响也能促进相互进步，加快发展效率。

（3）绿色营销在现代企业管理中的应用

1）转变员工管理理念，建立绿色管理体系。绿色营销在现代企业管理中的应用首先就体现在对于管理理念的影响方面。在以前的传统管理理念中，许多管理者都忽视了员工的心理，只是一味采取看似高效的压榨型管理方式，但事实上这种管理方式不仅严重影响员工的心理发展，长期发展之后，会严重影响企业管理效率，因此首先就应该转变管理理念。在绿色营销理念中，管理者与员工之间也应该建立更加和谐的管理方式，通过一些更加有效的方法促使员工的工作效率的发挥，用绿色管理方式既能提高员工的工作效率，同时也能加强企业管理效率。通过对管理方式的逐渐改善形成绿色管理体系，在对员工、生产经营的管理方面都能提高管理效率，同时也能促进绿色发展。

2）树立绿色营销管理理念，制定绿色营销策略。产品的生产营销管理也是企业管理工作中的重点，管理者的决策影响着实际的营销策略和营销效率，因此，企业的管理者应该树立绿色营销管理理念，在制定营销策略时，以绿色营销思想为指导，实现绿色营销目标。管理者在应用过程中，首先应该厘清企业利益、消费者利益、环境保护之间的共同联系，分清利弊。首先，企业应该进行有效的市场调研工作，了解分析市场绿色营销的现状以及消费者的思想观念；其次，企业应该制订合理的产品生产计划，对于产品原料、生产过程、生产数量等都要进行严格的控制，选择绿色环保的生产原料，采用更加科学高效、降低污染的生产方式，同时根据实际需求进行产品生产，不要产生过多的滞销浪费情况；再次，企业在实际营销过程中也应该把握绿色营销理念，不要造成浪费和污染，用一些小技巧减少污染，例如许多食品企业在一些干果类食品袋中装入垃圾袋和餐巾纸，看似是没必要的细节，实际上却能够在很大程度上改善消费者乱扔垃圾的现象；最后，企业可以采取一些绿色促销手段，选择一些绿色媒体进行宣传工作，例如网络、报纸等，避免造成噪声污染、光污染等。企业通过建立这一系列的绿色营销体制，能够很好地体现绿色营销的应用，有效地进行企业的营销管理活动，促进对营销部门的高效管理。

3）建立企业绿色管理文化。现代企业管理文化的发展也是企业管理的重要工作，绿色营销在企业文化培养方面也有着重要的应用。企业通过建立绿色人员管理体制、绿色营销体制，能够让员工更深入地体会企业的发展理念，企业在绿色营销活动中取得的成果是企业管理文化中非常重要的组成成分。将这些管理理念、管理成果以及公司的管理发展结合起来，就能逐渐在企业中形成绿色管理文化，这种文化内容能作为企业发展进步的路标。企业绿色管理文化的发展不仅能够增强企业管理理念的体现，更能够对员工造成深入的影响，加强员工对企业的理解，增强归属感，同时还能够促进企业发展方向的形成，坚定企业管理方式，进一步促进企业的绿色管理发展。

（4）绿色营销对现代企业管理发展的意义

1）实现可持续发展。企业要继续发展壮大，就必须重视一些企业管理问题，明确了解企业在发展过程中的一些不足，传统企业在环境保护方面有着巨大的漏洞，尽管短时间内能够节约企业管理成本、促进企业经济发展，但是长时间发展只会让企业陷入困境。因此，绿色营销的应用不仅是一种单纯的营销理念的转变，更是一种企业发展道路的改变。如果企业能够非常深入、有效地利用绿色营销理念，就能够真正实现企业管理发展与环境保护之间的和谐共存，通过这种和谐发展关系的建立，企业能够获得更加强大的发展动力，从而促进企业的可持续发展。

2）增强企业竞争力。在企业销售方面，消费者对于企业和产品的选择是处于多方面考虑的，例如价格、外观、实用性、环保性等，在价格、工艺都相近的许多同行业企业中，环保性能成了消费者选择产品的一项重要指标。企业运用了绿色营销理念之后，在环保性方面为产品极大地提高了竞争力，并且随着消费者对环保要求的提高，环保性能指标已经越来越重要。因此，绿色营销可以为企业获取更多的竞争力，通过这种营销方式的应用，将企业产品与其他的企业产品进行区分，能够更多地获得消费者的青睐，提高企业的竞争力。而在企业管理方面，应用了绿色营销理念的企业，管理体系必然更有效率、联系更加紧密，能够更好地发挥企业员工的能力，从而提高企业的工作效率，这也是增强企业竞争力的一种重要方式。

3）树立企业正面形象。企业的形象来源于企业的理念、营销方式、管理方式等多个方面。在消费者方面，对于一个企业的形象来源主要就在于企业的产品营销方式和宣传，企业如果采用非常环保绿色的营销方式，会给更多的消费者留下良好的正面形象，从一些细节之处能够极大地增加消费者对企业的好感度，企业的宣传工作是否对消费者的生活造成了影响也是很重要的，如果采用大张旗鼓、铺张浪费的宣传手段反而会引起很多消费者的反感，适当的绿色宣传才能够树立更良好的形象。在企业管理方面，采用绿色高效、人性化的管理方式的企业能够受到更多员工的正面评价，不仅能够提高员工对企业的满意程度，更能够提高员工的工作效率，最重要的是能够对企业形成一种正面的宣传效果，吸引更多的人才选择进入该企业。通过应用绿色营销方式，企业可以在多个层面树立自己的正面形象，也就能够吸引更多的消费者和企业人才资源，促进企业的进一步发展。

4．体验营销

体验营销（experiental marketing）站在消费者的感官（sense）、情感（feel）、思考（think）、行动（act）、关联（relate）五个方面，重新定义、设计营销的思考方式。这种思考方式突破传统上理性消费者的假设，认为消费者消费时理性与感性兼具，消费者在消费前、消费时、消费后的体验才是研究消费者行为与企业品牌经营的关键。与传统营销相比，体验营销的创新在于：传统营销更多专注于产品的特色与利益，体验营销则把焦点集中在顾客“体验”上，让消费者在消费过程中得到更深刻的体验，从而实现销售目的。

（1）体验营销的产生背景

1）体验经济时代的到来。所谓体验经济，是指企业以服务为重心，以商品为素材，为消费者创造出值得回忆的感受的一种经济形态。在这种经济形态下，体验产品的生产过程与消费过程相互融合，企业的目光转向从生活与情境出发，塑造感官体验及思维认同，以此抓住顾客的注意力，改变消费行为，并为产品找到新的生存价值与空间。

2）体验经济时代的消费需求与消费行为特征。消费需求的变化促使一个新的经济时代到来，而体验经济时代的到来又使得消费在观念、结构、内容、主体和额外关注等各个方面都发生了深刻而剧烈的变化。

① 消费观念：体验经济时代的消费者在消费观念上发生了质的转变，其需求既是理性的，又是感性的，既需要实体产品的消费，又需要娱乐、刺激、感动和挑战等独特的、新奇的、切身的感受和体验。

② 消费结构：在消费结构上，体验经济时代的消费者情感需求的比重增加，抽象的“意义”融入了产品和服务之中，体验消费成为人们实现情感和理想需求的一种重要形式。

③ 消费内容：在接受产品或服务时自我意识觉醒，非从众性日益增强。精神消费成为主要的消费内容，并潜移默化地影响着物质消费。

④ 消费主体：从消费主体来看，消费的团体性增强了。在团体性与个性化这两个相互矛盾的概念中寻找平衡。

⑤ 额外关注：除了对体验产品本身的偏好，体验经济时代的消费者的公益意识也融入了对产品的需求中。

3）体验营销的必要性。随着体验这一经济提供物的出现并居于经济生活中的主导地位，体验营销产生并成为社会中的主流营销模式是历史发展的必然。作为体验经济的一部分，它是一种充满活力的营销模式，这种营销模式既可以和体验生产捆绑在一起进行，也可以单独作为一种营销模式来推进和运用。前瞻性地研究体验营销，对企业快速适应即将到来的体验经济意义重大。

（2）体验营销的理论解析

1）体验营销的内涵。体验营销的核心理念是通过创造、引导并满足顾客的体验需求实现顾客价值，即以体验为桥梁真正实现所有顾客的理想和价值的过程。其实质则是通过提高顾客价值来达到顾客满意和顾客忠诚，最终实现企业的经营目标。

2）体验营销的模式。基于美国学者 Bernd H.Schmitt 对于体验的定义，体验营销也可以分为感官营销、情感营销、思考营销、行动营销和关联营销五种模式。

① 感官营销：感官营销的目标是营造一种环境，使顾客易于从感官上识别，形成初步的印象，或是通过视觉、听觉、触觉、味觉和嗅觉创造知觉体验，以满足人们的审美体验为重点，引发顾客的购买动机和增加产品的附加值。

② 情感营销：与传统营销方式相比，情感营销是更人性化的营销，它以顾客内在的情感为诉求，致力于满足顾客的情感需要，通过触动顾客的内心情感，给顾客以兴奋、快乐的情感体验。

③ 思考营销：思考营销的目标是以新颖的创意来引发顾客的好奇，启发人们的智力，进而产生兴趣和了解的欲望，并自发地对问题进行集中或分散的思考，创造性地让顾客获得认识和解决问题的体验。

④ 行动营销：行动营销的目标在于影响身体的有形体验、生活形态与互动。

⑤ 关联营销：关联营销也被称为关系营销，是指通过感官、情感、思考和行动营销的综合，超越“增加个人体验”的感受，把个人与理想中的自我、他人和文化等更广泛的社会体系联系起来。

5．节约营销

节约营销是生态营销、绿色营销的发展。构建和谐社会，建设节约型社会，要求以最少的资源消耗获得最大的经济和社会收益，保障经济社会可持续发展。因此，在生产和消费过程中，需要坚持用尽可能少的资源、能源（或用可再生资源）创造相同的财富甚至更多的财富，最大限度地利用各种废弃物。这种节约要求企业必须彻底转变现行的经济增长方式，进行深刻的技术革新。

（1）目标的浪费：假、大、空

目标也有浪费吗？笔者认为，不切实际的目标设定也是一种浪费，很简单，此种目标设定会促使企业为此付出巨大的资源浪费而最终却无法实现，这种浪费是致命的。现在很多企业一成立就为自己制定了“全国第一”“行业第一”，甚至“世界500强”的宏伟目标，而完全忽视了企业本身的资源能力和当前行业竞争状况，企图短时间内就做大做强。这也正反映了企业管理者的浮躁和战略思想的盲动，最终的结果是企业资源和社会资源的巨大浪费，从而导致企业的迅速夭折。

（2）包装的浪费：过度和奢华

说到包装的浪费，我们脑子里马上就会出现一些耳熟能详的产品：月饼、化妆品等。不可否认，包装在营销中的重要作用，它是产品的重要组成部分，是促成销售的十分关键的一环，于是很多企业在包装上费尽心机，包装就越来越豪华，越来越奢侈，很多产品包装的价值远远超过了产品本身的价值，可谓当今营销的一大怪象。其中恐怕最突出的要数月饼的包装了，上千上万元的天价月饼比比皆是，让人顿生“月饼何其贵，把酒问青天”的感慨。包装的浪费从一个侧面反映了当今营销的浮躁和不理性。

（3）广告的浪费：盲目和疯狂

一位著名的广告人曾经说过，我的广告费一半都浪费了，但我不知道浪费到哪里去了。在这里我们可以把广告解释为必要的浪费，我现在所说的广告的浪费是一种盲目和疯狂的浪费。盲目者，是不知道自己的目标群和目标市场之所在，天女散花式地投放广告，能捞多少是多少；疯狂者，是赌徒式地投放广告，或者广告铺天盖地，轮番轰炸，或者不惜血本，请个超级明星，拍几个广告片，勇夺标王等，企图一击而成。虽然有的企业获得了成功，但更多的是失败者给我们的警示，广告真的需要这样投放才能取得成功吗？笔者认为广告的盲目和疯狂无异于自杀。

（4）促销的浪费：“百促不厌”，促而不销

促销的浪费主要表现在促销物料和促销活动上，由于没有一个合理的规划和执行得不到位，很多企业制作了大量的促销物料，但最后大部分都留在了仓库里；促销活动很明显的表现是为促销而促销，企业管理者只是突然觉得该促销了，于是促销就开始了，而且是一个接一个，“百促不厌”，没有弄清促销目的的促销当然不会有什么效果，最后成了真正的“促销秀”，促而不销。促销的浪费是企业营销的无奈和心理的自慰。

营销的浪费当然不止这些，以上几例不过是“管中窥豹”而已。营销的浪费反映的正是当前营销的浮躁、盲目、冒进、急功近利等不理性的企业心态，也是中国本土企业总是无法实现超越、做大做强的一个原因。面对越来越国际化的趋势，越来越激烈的市

场竞争，越来越理性的消费者和市场，越来越注重成本竞争和资源优化的营销时代，我们必须重新审视营销的未来，树立新的营销观念和理性营销心态，实现营销的全面改造和革命，那么就让我们首先告别“浪费营销”，倡导“节约营销”，走入理性营销时代。什么是“节约营销”呢？“节约营销”应该赋予什么内涵呢？下面笔者先谈谈自己的浅见，以抛砖引玉。

1）节约营销内涵之一：合理有效、可持续的战略规划和目标设定。企业营销的目的在于以各项资源的整合实现销售和利润的最大化和最优化，无论是最大、第一，还是500强，都是在以上目标实现下的品牌载体而已，而决不能颠倒以此为目标。因此企业制订合理有效的战略规划和设定目标必须搞清营销的本质，战略规划和目标绝不是画在纸上的蓝图，而是方向和行动指南，体现的是企业的战术决心和战役意识，因此必须有效合理，从而避免战术资源的浪费。战略规划和目标设定还必须是可持续的、连续的、渐进的，否则，就将流于短视。

2）节约营销内涵之二：资源的优化整合。整合营销的本质就是实现资源的最优化整合，从而实现营销价值的最大化，因此，在营销的每一环节必须考虑资源的最大利用，这也正是节约营销的本质要求。整合绝不是组合，组合只是实现 1+1 ＞ 2 的效果，而整合实现的是倍数和倍速增长效应，如果说组合是加法营销，那么整合就是乘法营销。节约不是目的，节约是为了实现价值的最大化和最优化。资源优化整合的要义在于该用的一定要用，而且要用精用好，不该用的坚决不用，体现的正是一种节约理念。

3）节约营销内涵之三：树立科学的成本观。提到节约，我们很多人首先想到的就是成本控制，当然，成本控制理应成为节约营销的一个核心观念。企业利润的两个来源：一是销售；二是成本控制。只有实现销售和成本控制的和谐统一，企业才能够实现利润的最大化，否则，利润的最大化只是一句空谈。成本控制绝不是简单的节约，成本控制应以销售和利润为导向，科学的成本概念应是让合理预算中的每一分钱都产生最大、最优价值。成本已成为当今市场竞争的主要手段，谁具备了成本优势，谁就具有了制胜市场的利器，因此，树立科学的成本观是中国本土企业的当务之急。

4）节约营销内涵之四：以简洁理性方式与消费者进行沟通。营销的浪费也是对消费者价值感受的不尊重。营销就是沟通的艺术，广告和促销必须以消费者价值感受为基础，任何忽视消费者需求和价值感受的沟通方式只会适得其反，无疑就是沟通的浪费。营销就是要使销售活动变得简单，而不是复杂和烦琐，否则，我们的营销策划就失去了意义，也就纯粹是艺术了。简洁和理性就是让消费者以最快的速度找到自己的真实需要，这才是营销沟通的真正意义。“节约营销”是对营销整合的提升和延展，是对“浪费营销”发起的瘦身革命，是对营销浮躁症的颠覆，是理性营销时代的深刻内涵。倡导“节约营销”是基于企业生命和发展的理性思考，也是对营销策划人价值的考问。倡导节约营销势在必行！

二、市场营销方法的创新

现代市场营销观念，要求企业通过在营销方法上不断创新与突破以促进产品的销售。

1．关系营销

关系营销以系统的思想来分析企业的营销活动，认为企业的营销活动是企业与消费者、竞争对手、供应商、分销商、政府机构和社会组织相互作用的过程，市场营销的核心是正确处理企业与这些个人和组织的关系。采用关系营销方法的企业进行营销活动，其重点是建立并维持与顾客的良好关系，使消费者得到更多的关注和尊重；促进企业合作，增加共同开发市场的机会；协调与政府的关系，创造良好的营销环境。

2．网络营销

网络营销是企业通过计算机互联网络开展营销活动的一种方法，包括网络调研、网络促销、网络分销、网络服务等。企业可通过国际互联网建立网站，传递商品信息，吸引网上消费者注意并在网上购买。网络营销可缩短生产与消费之间的距离，节省商品在流通中的诸多环节，降低耗费在整个商品供应链上的费用，缩短运作周期，扩大市场和经营规模。

3．定制营销

定制营销是指企业在营销活动中，把每一个顾客都视为一个潜在的细分市场，针对每个消费者与众不同的个性化需求，为其“单独设计、量身定做”产品，从而最大限度地满足消费者需要的一种营销模式。

4．事件营销

事件营销是通过或借助某一有重要影响的事件来强化营销、扩大市场的方法。开展事件营销的前提是充分抓好和利用某一有影响的事件，并把它与企业营销有机地结合起来，达到“借船过海、借风扬帆”的目的。

5．互动营销

互动营销是企业针对消费者的个性需求，通过各种沟通技术与手段，把消费者当作伙伴与之充分互动，让他们参与到产品的设计、改进、生产等活动中，建立起企业与消费者之间的互动关系，使企业能够为消费者的个性化需求提供个性化服务，使产品更容易被接受，从而缩短产品进入市场的时间，取得营销的成功。

6．整合营销

整合营销是对传统营销组合的升华和理性化，使之形成体系。当前，我国正在构建和谐社会与节约型社会，坚持可持续发展之路。在新的形势和新的环境条件下，企业应大力推行新的营销观念和营销方法，激发创新意识，不断提高自己的竞争优势，使“新营销”向知识化、数字化、个性化、网络化、合作化、公益化、非价格趋势等方面不断地创新与发展。

三、实例：亿丽化妆品有限公司营销的观念创新与方法创新分析

1. 公司经营的现状与目前的困境

（1）行业竞争强度加剧，市场挑战压力增大

现在的问题是越来越多的人看到了这个新兴的行业，都一窝蜂地挤进来，况且门槛也低，形成“军阀”割据和奋战的混乱局面将是无法避免的。同业过度扩张竞争，竞争对手竞相挤占市场份额。面对这个严峻的现实，我们如何在这种混乱的竞争态势中抢占先机，率先打出江山和脱颖而出至关重要。

（2）品牌影响力较低，阻碍了市场的拓展

品牌在市场上没有知名度，在顾客心目中也谈不上影响力，属于大众化的产品，与竞争对手的产品相比没有特别的优势，产品无突出的买点好炒作，难以引起消费者的注意和兴趣，因而极大地阻碍和影响了市场的拓展。

（3）技术创新能力太弱，没有形成独特的核心技术

技术创新是建立品牌的根基，产品差异化、个性化尤显重要。一个企业日后的发展速度关键在于是否有自己的核心技术，是否能在技术创新方面走在竞争对手前面。公司没有一支技术水平高的研发队伍支撑，技术力量太弱，以至于在配方创新方面毫无重大突破，一直是跟在别人后面走。与此同时，产品开发始终定位在低端市场，难以提升产品档次，更不要说创立品牌和扩大经营范围。

（4）质量意识不强，没能构筑全面质量战略

质量是企业的生命线，是打造品牌的基石，是打开市场的通行证，更是提高客户满意度和留住客户的关键。但是一直以来，说质量重要都是挂在嘴上，很少落实在行动上，没能真正引起大家的高度重视。没有对产品质量问题进行统计分析，导致同类质量问题反复发生，不能及时和有效地抑制，既影响产品销售，又遭到客户投诉。

（5）对信息情报把握不及时，缺乏对化妆品市场动态和行业发展趋势的有效研究

管理人员的忧患意识比较强烈，对化妆品市场竞争残酷性有了初步感受，因而对产品的生产和研发表现出一定程度的焦虑和关注。但是，从公司的角度看，对企业赖以生存的行业发展趋势的有效研究十分缺乏，基本处于跟着市场感觉走的状态，因此也就无法对行业发展趋势做出有效调研和预测分析，从而导致行业运作战略“近视眼”和盲目性。

（6）对产品开发战略重视不够，没能制定有效的产品开发战略

虽然十分重视市场对产品的需求变化，并且经常根据销售第一线等职能部门所获得

的市场信息选择重点产品的开发，但是，由于没有采用规范化的产品开发模式和科学化的市场营销方法，因而不能较为准确地发现、分析、选择和利用市场营销机会，以实现公司行业运作战略的预期目标。

（7）成本意识比较薄弱，控制力度有待加强

严重缺乏对产品的成本控制。基层管理人员没有成本意识，片面地认为成本控制只是财务部门和高层管理人员的事情。在这种状况下，一些产品的生产没有准确的销售预测，只凭以往的经验和个人的主观意识，导致产销脱节，造成部分产品积压和资源的浪费。

（8）没有从整体的角度协调市场、生产、开发等环节，导致运作效能不高

现在应客户需求而生产多品种、小批量的产品，因为各种产品的生产规格不同，要求车间和班组执行不同的指令，一旦达不到要求就会造成各种问题的产生，于是进一步助长了供货延滞现象。

（9）供货延滞现象严重，严重影响了公司信誉度

供货延滞率有时高达合同总量的 30%，已经成为一个严重的经营问题。供货延滞会带来一系列后果，如合同违约、信誉受损、应收款难收、售后服务难度增大，结果是增大了财务上的机会成本损失。

供货滞后的问题是由多种原因造成的。但是，在公司的管理层中，有人简单地归结为是控制库存量、降低成本造成的。实际上，它的主要原因是业务流程的不够通畅和生产控制系统的管理水平低下，在生产计划组织中缺乏跟踪、落实等必要的监控手段；同时，一些产品没有经过严格的试制和评审程序，在技术和生产上尚不成熟，就盲目地推向市场，开始洽谈，组织供货，也激化了供货不及时的矛盾。

（10）缺乏有效的计划和调度系统，执行力度过弱

由于缺乏行业运作战略的指导，没有建立起与之相适应的信息系统和计划调度系统。在这种状况下，年度经营计划的制订往往是定性的而不是真正定量的，具有明显的随意主观性。在这样的年度经营计划下，市场销售计划和生产管理计划就缺乏依据和指导，有时干脆不再制订操作性计划。制订计划本身就存在缺陷，又没有相应的监督控制和检查指导的机制，造成了生产调度系统的混乱无章法，制约了生产潜力的提高。

（11）资金运作不畅，投资失误较多

公司应每年对资金运作和项目投资效益进行分析，主要是对销售收入、管理费用、制造成本、利润、资金利润率、流动资金、库存资金、呆账等经营状况进行全面分析，从中找出需要改善的地方，避免资金风险。可以说，资金是公司的“血液”，必须高度重视。

（12）营销管理平台尚未建立，策划水平有待全面提升

1）市场与客户需求分析不够，没能高度重视信息战。

2）新产品策划水平不高，开发管理力度较弱。

3）市场预测不准确，营销策划不专业，销售管理不到位。

4）网络建设不健全，经销商管理不规范。

5）提供产品不及时，客户满意度偏低。

6）货款回收不准时，售后服务须改善。

7）经济效益在下滑，利润空间在缩小。

综上所述，这些问题的存在是导致公司经营业绩增长缓慢、经济效益不够明显、市场拓展减弱、竞争能力难以提升的关键。

2．全面系统优化解决方案

（1）明晰发展远景，搞好战略规划

公司现在实施的是“双轮战略”，即走日化线和专业线。当前要考虑下一步的工作是如何开展品牌战略、市场营销战略、产品开发战略、人才开发战略等。公司战略的变化和调整，不仅要求公司的组织机构要做出相应的调整，同时还会使原来的关键职能发生一些变化。

公司的发展远景是希望在未来的五年初创品牌，从三线阵营跻身到二线阵营，以开发中端产品为主攻方向，最终积蓄实力，力争用 5 年时间打造 3B 品牌。公司市场网络建设要从现在覆盖率 90% 到全国的所有省城（即 100%），地级市要达到 80%，合计 250 个，应该以每年平均 25% 的速度增长才能实现我们设定的战略目标。

管理目标：机构设计科学，指挥协调有力；整体运作有序，经营管理高效；岗位职责明确，人员配置合理；业务流程规范，工作质量优良；团队精神增强，员工士气高涨。

（2）基本举措

1）强化品牌意识。名牌有六大特征：品质优、特色突出、知名度高、信誉度好、市场覆盖率高、附加价值高。品牌是企业整体素质、产品内在质量和外在形式的综合表现，是消费者在无数次的购买和长时间的使用中验证出来的。拥有品牌就拥有市场和财富。因此，3B 公司必须在全体同人中强化品牌意识，实施名牌战略，依靠品牌提升 3B 形象。

2）增强质量意识。凡是成功的知名企业无一不是实施了全面质量管理，并把质量取胜和质量是企业的生命线这一理念贯穿公司的经营战略和全体同人的言行中。质量是我们拓展市场的“通行证”，高质量的产品必然会获得消费者的认可，也能在市场上打开销路，长盛不衰。

3）树立规模意识。企业要发展就必须上规模。只有达到规模生产，才能实现低成本的扩张战略，就目前行业现状来看，企业规模普遍偏小，约占总数的 80% 以上。真正有实力、上规模的企业也不上十几家，根本谈不上与国外知名品牌抗衡。

4）坚持顾客意识。以了解顾客的潜在需求、满足客户的期望、不断提高客户的满意度为 3B 公司的经营宗旨，从顾客的需求出发，设立“顾客受理热线”（免费电话），从而最大限度地方便和解决顾客的咨询、建议和抱怨，并利用这条热线所获得的信息迅速改进企业的工作质量和产品质量，为不断满足多元化、个性化的消费群体提供更好的产品。

5）建立成本意识。“价格战”已成为美容美发行业的首选竞争策略，龙头老大（如联合利华、宝洁、奥妮、舒蕾等厂家）在市场上都卷入“价格战”的竞争中，降价已是行业发展到一定程度上市场的必然结果和行为方式，并在有效地抑制中小型企业的发展，形成了较强的行业冲击波。价格竞争将是市场上的一种长期行为和特征，其最终是反映了企业的综合实力，成本在未来市场上将是决定竞争优势的关键因素。就 3B 公司现有的生产规模、管理水平、营销网络来讲，是难以应付未来的市场竞争的。

6）增强竞争意识。我国化妆品行业正处于高速发育成长期，杂牌多，名牌少，各品牌之间为了抢占市场势必加剧行业竞争，因而企业为了求生存、谋发展，就必须有很强的竞争意识、市场意识，全面推进品牌战略，以便在消费群体中能牢固树立起名牌产品和名牌企业形象。

（3）确立经营方针，实施目标管理

公司必须确立每年的经营方针，因外部环境的变化和公司在不同发展时期的战略目标及工作重点会有所不同，所以每年的经营方针也会有所调整。

具体步骤如下。

1）外部经营环境分析和企业 SWOT（优势、劣势、机会和威胁）对比分析。

2）针对上年经营情况及目标达成状况进行综合评价。

3）公司经营方针确立，例如，2003 年是：“一中心、二开展、三提高”。“一中心”：以提高企业经济效益为中心。“二开展”：开展战略研究，开展品牌经营。“三提高”：提高技术创新能力，提高营销策划水平，提高全员服务质量。

4）提出经营指导思想、原则和工作思路，例如，“集中精力，抓好管理；把握机遇，拓展业务；狠抓重点，改善提高；保障供给，主打市场；奋力拼搏，再创佳绩。”

评价标准：公司所有的工作都要服从和服务于提高市场竞争力，以“是否有利于提高市场竞争力”为评价所有管理活动的标准，以市场营销策划指导产品经营的全部过程。

5）设立年度经营目标和任务。

6）完成年度目标任务的工作举措。

① 加强产品开发，提高竞争能力。

② 加强品质管理，依靠品质取胜。

③ 加强成本控制，实施低成本战略。

④ 加强市场开拓，扩大市场占有率。

⑤ 加强品牌经营，实现名牌扩张战略。

品牌经营之路是未来 3B 公司必须首选的战略，做企业就是做品牌，尤其是高层管理人员要以这种指导思想来全面经营公司。对企业而言，品牌是永久的生命力所在，打造品牌关键是产品质量和技术创新。正因如此，我们只有实施全面质量战略和技术创新战略，才能拓展市场，扩大经营版图，提高客户的品牌忠诚度、产品美誉度，进而获得客户的全面满意和信赖。

希望我们公司能用 5 年时间在三线品牌中冲入十强行列，再用 3 ~ 5 年时间跻进二线品牌前十强阵营。最终逐步扩大 3B 品牌的行业知名度和市场影响力。

（4）重视人才开发，发挥人才潜能

1）人力资源战略规划与企业发展战略相匹配。

2）建立人力资源管理平台。

① 激励机制（事业留人、感情留人、利益留人）。

② 职务规划（内含定编、定岗、定员，宁缺毋滥，精简高效，职务说明书）。

③ 绩效考评制度与绩效管理。

④ 培训开发体系与员工职业规划生涯。

⑤ 晋升机制、淘汰机制。

3）引入精英人才，主要是研发人员、策划人才、优秀业务员等，没有优秀人才，再好的方案都没法实施，可以说，人才问题已成为制约公司进一步成长壮大的瓶颈，也影响着企业的发展速度。

4）打造一支能与老板同舟共济、共同奋斗的精英团队，是公司实现宏伟目标的根本立足点，没有优秀人才去推进和实施，执行力度不到位，再好的方案也是白搭。

任务明确化、行为规范化、作业标准化、流程科学化、职位稳定化。

（5）改善内部管理，优化作业流程

1）公司属订单型（BTO）企业。

2）规范生产计划系统、技术品质系统和财务管理系统等，建立健全工作标准、工艺标准，理顺作业流程，提高运作效能。

3）加强对公司整个经济活动进行全面、有效分析和评价，并要及时提出改善建议。建立一套科学、合理的经济技术评价指标。

4）建立企业规范化管理平台，促使企业走上规范化、系统化和制度化轨道。

（6）创新营销思路，提高策划水平

1）营销战略规划和竞争策略纲要。

① 营销基本思路与建议综述。

② 营销策划的指导思想与原则。

③ 营销实战总体框架规划。

④ 营销竞争策略优化设计。

⑤ 营销系统组织优化设计与资源整合。

⑥ 营销系统管理平台建立。

⑦ 营销系统业务流程优化设计。

⑧ 分销渠道评估、设计、选择及管理。

⑨ 商场、专卖店和超市的业务指导与管理服务。

⑩ 营销队伍建设与业务员目标管理。

⑪ 顾客服务全面满意系统设计及实施推进。

2）公司的品牌策略建设纲要。

① 品牌经营战略确立。

② 品牌市场定位与经营环境分析。

③ 品牌经营战术与品质策略。

第二章　商业市场营销环境

第一节　营销环境概述

市场营销环境的内容十分广泛且复杂。由于观点和角度的不同，有的学者将市场营销环境分为五大类，即一般环境、策略环境、科技环境、国际环境和市场综合环境；美国营销学家迈克塞将其分为公司目标及资源环境、竞争环境、组织与技术环境、文化与社会环境；著名营销专家菲利普·科特勒博士则把市场营销环境概括为微观环境和宏观环境。

一、营销环境的构成

1. **微观环境**

1）市场营销渠道企业

市场营销渠道企业是指参与到产品生产、分销和消费过程中的各种组织和个人，主要包括供应商、中间商、辅助商。供应商所提供的原材料等质量好坏，直接或间接影响到企业所生产产品的质量、性能、价格等。

2）企业自身

企业自身环境是指企业高层管理、市场营销部门、其他职能部门以及一般员工对营销活动产生的影响。

3）消费者

消费者是企业营销活动的出发点和归属。企业的一切营销活动都应以满足消费者的需要为中心，因此消费者是企业最重要的环境因素。

4）竞争者

企业在目标市场进行营销活动的过程中，不可避免地会遇到竞争者。面对各种竞争者，企业必须在满足消费者需要和欲望方面比竞争者做得更好。

5）利益相关者

利益相关者是指对企业实现营销目标的能力有实际或潜在利害关系和影响力的团体或个人。企业面对公众的态度，会协助或妨碍企业营销活动的正常开展。所有企业都必须采取积极措施，树立良好的企业形象，力求保持和公众之间的良好关系。

2．宏观环境

1）经济环境

经济环境主要指一个国家或地区的消费者购买力、商品供给、商品价格、消费结构和消费者支持模式等。市场是由有购买力的人口构成。

2）人口环境

市场是由具有购买欲望和购买能力的人构成的，营销活动的最终对象也是人。人的需求是产生市场需求最根本的动因。

3）自然环境

自然环境是指能够影响社会生产过程的自然因素，包括自然资源、企业所处地理位置、生态环境等。日益恶化的自然环境既可能成为企业发展的机遇，也可能对企业产生潜在威胁。

4）政治法律环境

包括营销活动在内的所有企业活动都必然受到政治法律环境的强制和约束。政治法律环境主要是指国家政局、国家政治体制、经济管理体制及相关法律法规和方针政策等。

5）科学技术环境

科学技术的发展对营销活动的影响是直接、显著的。它直接影响市场供求。新技术的出现增加了商品的市场供给，极大地刺激了消费者需求，促使消费品种增加和范围扩大，从而使消费结构发生根本性变化。

6）社会文化环境

社会文化环境是指一个国家、地区的民族特征、价值观念、生活方式、风俗习惯、宗教信仰、伦理道德、教育水平、语言文字等集合。

二、市场环境信息的收集

随着技术进步、全球市场一体化、客户对服务需求的增长和电子商务的广泛应用，企业间的竞争日益激烈。面对快速变化的市场环境，信息已成为企业不可或缺的生产经营资源。为了及时处理大量增加的内、外部信息和提高其处理质量，企业必须利用现代信息技术。市场营销信息系统作为连接企业和营销环境的纽带，对企业的决策和经营活动起着重要的作用，也是提高企业核心竞争力的有力保证。

1．市场营销信息系统概述

市场营销信息系统是由从事收集、整理、分析、评估、报告和分配营销信息人员、设备和程序构成的一个系统。市场营销信息系统的功能是设计师准确地向有关管理人员提供营销信息，以便根据内外部环境的变化制定、执行、调整和评估市场营销计划和活动。市场营销信息系统的主要任务就是为营销决策和沟通提供必要的信息支持。具体地说，它有以下几项任务：第一，评估信息需求；第二，开发信息；第三，分析、解释与报告信息；第四，分送信息。

2．市场营销信息系统运行管理的内容

市场营销信息系统的运行管理工作是系统研制工作的继续，主要包括市场营销信息系统的日常运行管理，系统运行情况的记录、检查与评价。

（1）市场营销信息系统的日常运行管理

这主要包括数据的收集、校验、录入；在保证基本数据的完整、及时和准确的前提下，系统完成理性的信息处理和信息服务工作；系统硬件的运行、维护以及系统的安全管理。主要有：第一，数据的收集。企业通过收集内部资料、外部市场情报以及市场调查和信息分析与加工而形成的高层次信息。信息的收集是企业营销信息系统的核心模块，它直接决定着营销信息系统的质量和成效。第二，数据的校验工作。对于任何信息系统来说，最重要的资源是数据，一切硬件、软件及其他资源都是为了保证数据的及时、完整及准确，整个市场营销信息系统的效率或者对外的形象都依赖于它所保存的数据。因此，对大量数据的校验工作就显得尤为重要，这也是企业决策者在营销信息系统的运行管理中特别要注意的问题。第三，数据的录入。数据的录入工作比较简单，其要求是迅速和准确。

（2）系统运行情况的记录、检查与评价

在完成市场营销信息系统日常管理工作的同时，还应该对系统的工作情况进行详细的记录。这主要包括：一是有关工作数量的信息。二是工作的效率。例如为了完成一次年度报表的编制所需要的成本，从而计算出市场营销信息系统的经济效应。三是系统内部提供的信息服务的质量。市场营销信息系统在其运行过程中，除了进行大量的管理和维护工作，还要定期地对系统的运行状况进行审核和评价。系统的评价主要从以下几个方面进行：一是系统是否达到预定的目标，目标是否需要修改；二是系统的影响、安全性评价。这是指系统运行是否稳定可靠，系统使用与维护是否方便，运行效率是否能够满足营销业务的要求。

3．企业在掌握市场营销信息和建立市场营销信息系统过程中应注意的问题

市场营销信息系统是由人、设备和程序组成，它为营销决策者收集、挑选、分析、评估和分配需要提供及时的和准确的信息。不同企业，其信息系统的具体构成会有所不

同，但基本框架相同，一般由若干子系统组成，与运行管理有关的子系统包括市场营销信息处理和情报检索系统。市场营销信息系统从交付使用开始，研制工作即告结束。系统进入试用阶段后，要对系统进行维护和管理，才能使信息系统真正发挥为管理者提供信息的作用。而所谓运行管理工作就是对信息系统的运行进行控制、记录其运行状态，进行必要的修改和补充，以便使信息系统真正符合管理决策的需要，为管理决策者服务。

（1）市场营销信息的获得是需要成本的，而市场营销信息系统的建立更非一朝一夕所能完成的。为此，企业的领导人员必须具有高瞻远瞩的目标和智慧，树立信息就是企业的生命的思想，广泛地收集完整有效的信息，并通过市场营销信息系统的处理，使之成为准确可靠的信息。在这里，收集和掌握市场营销信息只是企业信息化的初步阶段，最重要的是建立快速反应的市场营销信息系统。

（2）企业的销售人员无疑是企业与外部联系的纽带和桥梁，他们担当着为企业销售产品、与代理商建立长期稳定的合作关系、争取为企业带来长期的利益和获得外部信息的重任。实际上，获得信息并初步地处理信息是销售人员的重要工作内容之一。这就要求我们的销售人员具有良好的个人素质和工作能力，具有整体观念、全局观念。为此，公司必须充分重视对销售人员业务能力的培养和提高，经常开展业务培训活动，使销售人员不断增长工作能力，成为销售产品、收集信息和初步处理信息的行家里手。

（3）企业市场营销信息系统可靠性差并缺乏决策支持功能。目前一些企业虽然也建立了很多诸如ERP（企业资源计划）的操作系统，但总体来说可靠性差，缺乏可操作性。计算机、数据库、网络等相关技术系统都只是我们的工具，一个企业能否应用信息技术提高自身的竞争力，在很大程度上取决于如何应用这些技术。目前，很多企业已经建立了比较完备的公司网站、网上报销系统、工作计划与报告管理系统、网上订货系统、网上办公系统，但这些系统还没有真正应用起来，还没有打破某些职能部门之间的界限，信息还没有趋向“一体化”，在决策支持功能方面更是有待于进一步加强。我们距离快速反应的市场营销信息系统还有很长的一段路要走。

4．市场营销信息系统的分析研究

市场营销信息系统的分析研究是针对营销决策者的要求，主动或被动地采用信息定性处理和定量处理的方法，依据分析研究结果提出决策方案，供决策者决策参考的一种服务形式。市场营销信息的定性处理：信息定性处理是将收集到的信息按功能和隶属关系整理成背景材料，交给具有一定理论水平和实践经验的人员进行面对面的讨论，最后得出具有倾向性的结论间接作为决策方案以供参考。市场营销信息的定量处理：是通过一定的测量方法采集大量信息，并进行数据处理，给出定量的信息分析研究的过程。其处理方法是把收集到的信息，按照其计量或者计数单位，按顺序依次排列，或按其大小次序分组。其目的是使已有数据有序化，同时也为图形化提供方便。

当然，掌握市场营销信息，特别是市场营销信息系统的建立与应用是一项非常复杂的工程，需要细致的工作与长期的努力，需要多个不同职能的部门通力合作。但我们也相信，只要我们充分重视市场营销信息的作用，运用科学的方法建立起快速反应的市场营销信息系统，我们就会“运筹帷幄，决胜千里”。企业的市场营销信息系统的主要功能就是向管理者提供迅速、准确、可解释的信息，减少信息资源的浪费与盲目，这对提高企业管理及营销决策的科学性、时效性和有效性有一定的帮助，为充分了解竞争对手的最新动态，准确及时地分析竞争环境，并做出合理的战略决策提供了有力的保障。同时加强对市场营销信息系统的运行管理，可以使企业在激烈的市场竞争中始终立于不败之地。做好市场营销信息系统的运行管理工作是使企业决策者和其他各类人员认识市场营销信息系统间接的经济效益和社会效益的关键。

三、企业应对市场营销环境变化的方法

企业的发展存在着优胜劣汰，企业内部的管理以及营销的措施都直接影响着企业的生存和发展。市场营销环境的改变对于企业来说，既是挑战，也是机遇，可以淘汰掉没有发展潜力的企业，也可以改善市场营销的大环境，使企业之间的交易可以在透明、公正的环境下进行，所以企业应抓住这个机会提高自身的综合能力。

1. *在宏观市场营销变化中采取的措施*

（1）采取协调性的措施

企业在应对市场营销大环境的变化时，可以采取协调性的措施来适应这种变化，协调性的措施要求企业自身可以利用潜在的能力化解市场营销环境变化给企业造成的影响。这种措施可以使企业的营销策略与市场要求的策略保持一致，不会因为无法适应大环境的变化而给自身带来经济损失，同时使企业的产品销售保持在平衡的状态。协调性的措施是非常灵活的，一旦使用不当会给企业带来相反的效果，不仅不能有效抵抗市场营销环境变化带来的影响，还会使自身的营销策略乱了阵脚。所以，在运用协调性的措施时要做到：第一，保持企业原本的营销市场不会减少，确保营销的顺利进行；第二，从企业整体的发展情况分析，确保不会有明显的损失；第三，市场营销环境的改变，不会影响企业长期发展的战略目标。只有做到这三点，才能使企业游刃有余地面对市场营销环境的变化，保持企业经济收入平衡增长。

（2）采取抵制性的措施

企业可以采取抵制性的措施来面对市场营销环境变化带来的考验，抵制性的措施使企业可以有效地避免不利因素对企业发展带来的影响，给企业带来有效的保护。企业可以通过高效、合法的方式抵制政府相关部门的限制，或通过民主的方式改变一些不合理的法律条款规定，利用这种正当的手段维护自己的合法权益。当然，可以做到这种抵制

性的措施的企业，需要非常雄厚的资金支持以及有可以依靠的社会背景，这就说明企业的不断壮大发展是保障其维权的基础。在采取抵制性的措施时，也有需要注意的地方，例如，第一，所有的维权行为一定要符合法律的要求，不能有违法乱纪现象的出现；第二，所有的维权行为要符合人民的意愿，不能在人民群众的心中留下恶劣的影响；第三，所有的维权行为不会影响企业的正常经营。这三点是抵制性的措施实行的基础，企业一定要按照相关的要求维护自己的权利不受到侵害。

（3）采取多元化的措施

多元化的措施要求企业在面对不利因素的影响时，对受威胁的产品采取暂时或永久停产的措施，也可以重新定位自己在市场中的营销方式，将资金投入有营销潜力的产品当中。通过这种多元化的营销措施，可以使企业在市场营销环境改变的情况下，增加销售的途径和方法，保障产品的正常销售，避免给企业带来经济损失，也可以使企业更好地适应市场营销环境的变化。

2. 在微观市场营销变化中采取的措施

（1）采取同步性的措施

企业在适应市场营销环境的变化时，也可以通过对微观市场的调整来更好地处理营销方式，其中采取同步性的措施要求企业当面临其他企业的竞争时，如果本企业的发展已经处于众多企业之间的领先地位，则保持这种优胜的地位就可以，如果本企业的发展在竞争企业的发展之下，就要求本企业应该采取有效的措施来提高自己的地位。这种同步性的措施可以使企业迎合众多企业的发展，与其他企业的发展保持在一个同步的水平，不会因为自身的出众而引来别人的攻击，也可以通过竞争超越别的企业，激发企业的潜能。

（2）采取开发性的措施

企业采取开发性的措施应对营销产业的变化时，可以有效地应对顾客的投诉问题，通过顾客对现有产品反映出的情况，企业可以明确知道自己的不足，并制定出有效的措施来弥补，这就为企业的发展提供了更多的机会。这种开发性的措施可以在微观上改变企业的发展结构，使企业在不断进步中就可以更好地适应市场营销环境的变化。同时要对客户不满意的产品进行革新，或者开发出新的产品，在开发新产品的阶段中，如果需要投入大量的资金以及需要更高技术的人员来完成，企业应该在产品的开发阶段就把这些信息透露给消费者，提高消费者对产品的兴趣，也可以使消费者更加全面地了解产品，这是提高企业经济效益的重要措施。

（3）采取改变性的措施

当企业采取改变性的措施来面对市场营销环境的变化时，要求企业面对市场对产品的淘汰时，不可以放弃这部分产品的经营权，而是应该采取相应的改变措施来缓解这种现象。通过采取的措施来挽回产品在消费者心中的形象，以及恢复产品的销售情况，减少企业的损失，企业可以增加产品的宣传，在当地开展一些促销活动，降低产品的价格。通过这种改变营销策略的方式来提高产品的销售，同时也保障了企业的经济利益不受损害。

（4）采取适应性的措施

企业产品在销售过程中，一定会有不同经济水平的消费者来购买，这时就需要企业能够很好地适应这种情况，把产品的价位设置在不同的区间，从而可以满足大多数消费者的购买意愿。当然，这种营销的措施也不适合企业的所有产品，有些产品的价格定位符合其本身价值，促销活动卖出较低的价格对于企业来说不会产生盈利，这种状况下适应性的措施就不能被应用。

3．企业要不断加强对产品的创新及提高服务的水平

（1）对核心产品的创新

对于企业来说，核心产品是给企业带来经济效益的重要产品，消费者的需求不断在增加，原本产品的性能已经无法满足人们的需求，所以，企业要对核心产品进行创新，稳固自己在市场中的营销地位。在创新的过程中，应该以高新技术支持为基础，在产品本身具有的性能基础上，增加其他方面的性能，通过这种创新的形式可以增加核心产品在市场中的竞争力。

（2）创新产品的形式

目前，我国社会经济发展的速度非常迅速，人们的生活水平不断提高，无论是科技产品，还是日常生活必备的产品，淘汰的速度都很快，这就减少了新产品在市场中销售的时间。各行的企业对于新产品的样式创新也在加强，因此，面对市场营销环境的变化，企业更应加快产品更新换代的速度，不断生产出可以满足消费者需求的高质量产品。形式的创新对于产品的销售非常重要，新的包装可以刺激消费者购买的心理，例如，近几年，我国电子科技产品的销售都打着“智能”产品的旗号活跃在市场中，消费者对这种新兴的技术产品产生了极大的兴趣，使得智能科技产品的销售业绩不断提高。产品形式的创新也要结合产品的具体性能和实际的价值，合理地选择包装材料，要起到环保包装的效果。

（3）产品性能的创新

很多企业生产的产品都是延续了原本产品的性能，不能形成独立统一的性能创新体系，使产品的创新不能更好地满足消费者的需求。所以，企业要加大对产品性能的创新，之后加大对新产品性能的宣传力度，可以增加消费者对产品的兴趣，也是提高销售产量的措施。同时性能方面的创新也可以体现出企业的实力，判断其是否适合生存在新的市场营销环境中，企业要加大产品性能创新的意识，积极借鉴成熟的技术，快速、高效地

完成创新过程。

（4）提高整体的服务水平

企业在创新产品的过程中，总是会受到成本的制约，想要在有限的资金支持下大力开展创新工作很有难度，所以，企业可以调整战略方向，把发展的重心放在提高服务水平和产品销售渠道的扩展方面，通过降低成本吸引更多消费者的购买欲望，保留住企业的客源。近几年，餐饮企业在我国得到了迅速的发展，食品安全事故也时有发生，使得企业与消费者之间失去了建立的消费信任关系，为了改善这种状况，企业在加强管理的同时，也要增加与消费者的沟通和互动，把自己的服务落实到每一个细节之处。在企业的发展过程中，会遇到很多的困难和挑战，市场营销环境的变化也给企业的产品销售带来了很大的影响。企业在适应这种大环境的变化时，可以从宏观和微观两个方面来应对，灵活多变地处理市场的变化。同时在采取策略解决企业经营的困难时，也要根据国家的相关要求，不可以出现违反法律规定的行为。市场营销环境的变化对于企业发展来说也起着推动作用，通过市场大环境的淘汰可以使企业充分发现自身经营的不足，消费者对产品提出的意见加大了企业的创新力度，完善了产品的性能，使企业创新的产品可以更好地满足消费者的要求，从而给企业带来更大的经济效益。所以，市场营销环境的变化促进了我国企业之间的进步，通过竞争淘汰的方式提高了我国企业的综合水平，是提高我国综合经济实力的重要措施。

第二节　市场环境分析与 SWOT 分析法

SWOT 分析方法是一种企业战略分析方法，即根据企业自身的既定内在条件进行分析，找出企业的优势、劣势及核心竞争力之所在。其中，S 代表 strengths（优势），W 代表 weaknesses（劣势），O 代表 opportunities（机会），T 代表 threats（威胁），其中，S、W 是内部因素，O、T 是外部因素。按照企业竞争战略的完整概念，战略应是一个企业“能够做的”（即组织的强项和弱项）和“可能做的”（即环境的机会和威胁）之间的有机组合。

一、SWOT 分析法

市场环境是指经营活动所处的社会经济环境中企业不可控制的因素。任何组织的经营过程，实际上是不断在其内部环境、外部环境和经营目标三者之间寻求动态平衡的过程。因此，应对比分析外部环境中存在的机会和威胁与组织内部的优势和劣势，以便充分发挥组织的优势，把握住外部的机会，避开内部的劣势和外部的威胁。最常用的内、外部环境综合分析技术就是 SWOT 分析法。SWOT 是优势（S-strengths）、劣势（W-weaknesses）、机会（O-opportunities）、威胁（T-threats）的简称。

1. SWOT 模型的要素

（1）机会与威胁分析（OT）

环境发展趋势分为两大类：一类表示环境威胁；另一类表示环境机会。环境威胁指的是环境中一种不利的发展趋势所形成的挑战，如果不采取果断的战略行为，这种不利趋势将导致公司的竞争地位受到削弱。环境机会就是对公司行为富有吸引力的领域，在这一领域中，该公司将拥有竞争优势。对环境的分析也可以有不同的角度。例如，一种简明扼要的方法就是 PEST（政治、经济、社会和技术）分析，另一种比较常见的方法就是波特的五力分析。

（2）优势与劣势分析（SW）

当两个组织处在同一市场中，或者说它们都有能力向同一顾客群体提供产品和服务时，如果其中一个组织有更高的盈利率或盈利潜力，那么，我们就认为这个组织比另一个组织更具有竞争优势。竞争优势可以指消费者眼中一个组织或它的产品有别于其竞争对手的任何优越的东西，它可以是产品线的宽度、产品的大小、产品的质量、产品的可靠性、产品的适用性、企业的风格和形象以及服务的及时、态度的热情等。

在市场经济日益发达的今天，质量对于一个企业的重要性越来越强，产品质量的高低是企业有没有核心竞争力的体现之一，提高产品质量是保证企业占有市场，从而能够持续经营的重要手段，一个企业想做大做强，在增强创新能力的基础上，努力提高产品和服务的质量水平是重要的辅助手段。企业团队以服务质量为中心，在保证产品质量的同时，采取跟踪服务，做好售后服务，力图打造以产品质量和服务为目标的“品牌”形象。

企业文化能对企业整体和企业成员的价值及行为取向起引导作用。具体表现在两个方面：一是对企业成员个体的思想和行为起导向作用；二是对企业整体的价值取向和经营管理起导向作用。这是因为一个企业的企业文化一旦形成，它就建立起了自身系统的价值和规范标准，如果企业成员在价值和行为的取向上与企业文化的系统标准产生悖逆现象，企业文化会进行纠正并将其引导到企业的价值观和规范标准上。在不同国家、民族和地区之间，文化之间的区别要比其他生理特征更为深刻，它决定着人们独特的生活方式和行为规范。文化环境不仅建立了人们日常行为的准则，也形成了不同国家和地区市场消费者态度和购买动机的取向模式。

2. SWOT 分析矩阵

组织按照这种方法分析自身的优势和劣势，分析外界的机会和威胁，把环境分析结果归结为 SO、WO、ST 和 WT 四种战略，形成环境分析矩阵。

（1）SO 战略（优势 + 机会，具有杠杆效应）。杠杆效应产生于内部优势与外部机会相互一致和适应时。在这种情况下，组织可以用自身的内部优势撬起外部机会，使机会与优势充分结合发挥出来。然而，机会往往是稍纵即逝的，因此组织必须敏锐地捕捉机会，把握时机，以寻求更大的发展。

（2）WO 战略（劣势 + 机会，具有抑制性）。抑制性意味着妨碍、组织、影响与控制。当环境提供的机会与组织内部资源优势不相适合，或者不能相互重叠时，组织的优势再大也将得不到发挥。在这种情况下，组织就需要提供和追加某种资源，以促进内部资源劣势向优势方面转化，从而迎合或适应外部机会。

（3）ST 战略（优势 + 威胁，具有脆弱性）。脆弱性意味着优势的程度或强度的降低、较少。当环境状况对公司优势构成威胁时，优势得不到充分发挥，出现优势不优的脆弱局面。在这种情况下，组织必须克服威胁，以发挥优势。

（4）WT 战略（劣势 + 威胁，具有问题性）。当组织内部劣势与组织外部威胁相遇时，组织就面临着严峻挑战，如果处理不当，可能直接威胁到组织的生死存亡。

二、SWOT 分析法应用案例

1 中国电信的 SWOT 分析

近年来，中国电信的新闻热点、焦点不断。电信资费的调整、中国电信南北大分拆以及中国电信面临着加入世界贸易组织后的挑战等让人们瞩目。在新的一年里，中国电信又将上演一场“与狼共舞”的惊险剧目。面对激烈的市场竞争，对中国电信进行 SWOT 分析，也许能让大家对中国电信未来的发展有一个清醒的、客观的认识。

（1）中国电信的优势（strengths）和劣势（weaknesses）分析

1）中国电信的优势分析。自 20 世纪 80 年代中期起，中国电信经历了近 20 年的高速发展，已经形成了规模效益。尽管此间经历了邮电分营、政企分开、移动寻呼剥离、分拆重组等一系列的改革，但在中国的电信业市场上，中国电信仍具有较强的竞争和发展优势，主要表现在客户资源、网络基础设施、人才储备、服务质量等方面。

① 中国电信市场引入竞争机制后，中国电信与中国移动、中国联通、中国网通等运营商展开激烈竞争。中国电信南北分拆后，在保留原有大部分固定电话网和数据通信业务的同时，继承了绝大部分的客户资源，保持了良好的客户关系，在市场上占领了绝对的优势。1.79 亿的固定电话用户，1500 多万的数据通信用户，为中国电信发展业务，增加收入奠定了良好的基础。

② 中国电信网络基础设施比较完善。改革开放 40 多年来，中国电信已建成了覆盖全国，以光缆为主、卫星和微波为辅的高速率、大容量、具有一定规模、技术先进的基础传输网、接入网、交换网、数据通信网和智能网等。同时 DWDM 传输网、宽带接入网相继建设数据通信网络和智能网不断扩容。中国电信的网络优势已经成为当前企业发

展的核心能力，同时具备了向相关专业延伸的基础和实力。

③ 中国电信在发展过程中培养和储备了一大批了解本地市场、熟悉通信设备的电信管理和技术的能力较强、结构合理的管理和专业人才。同时，中国电信还积累了大量丰富的运营管理经验，拥有长期积累的网络管理经验、良好的运营技能和较为完善的服务系统。

④ 中国电信日趋完善的服务质量。中国电信成立了集团客户服务中心，为跨省市的集团客户解决进网需求；中国电信还建立了一点受理、一站购齐的服务体系，最大限度地方便用户；紧接着中国电信推出了首问负责制，解决了企业在向用户提供服务过程中的相互扯皮、相互推诿的问题；另外，中国电信还设立了服务热线（10000）、投诉热线（180）等，建立了与用户之间的沟通服务，提供了互动式服务。

2）中国电信的劣势分析。虽然中国电信具有一定的发展优势，但我们应该辩证地看待这些优势。辩证法告诉我们，优势和劣势都是相对的，即在一定的条件下，优势很可能就转变成劣势。中国电信虽然拥有丰富的客户资源、完善的网络基础设施以及大量的储备人才，但缺乏现代企业发展所必需的战略观念、创新观念、人力资源开发管理、人文环境建设以及与此相适应的市场制度环境。业内人士认为，中国电信拥有资源优势，却缺乏资源运作优势。一旦不慎，优势很可能就转变成劣势。目前，中国电信的劣势主要表现在以下几个方面。

① 企业战略管理与发展的矛盾。一方面，企业决策层只重视当前战术和策略，忽视长远战略，湮没在日常经营性事物中，不能统观大局；另一方面，企业缺乏应对复杂多变环境的企业运作战略策划人才。这个问题是当前实现企业持续发展、保持长久竞争优势的核心问题。

② 企业内部创新与发展的矛盾。面向计划经济的职能化业务流程、管理模式、组织模式已经呈现出与快速发展的不适应，并逐步成为制约电信企业参与全球化竞争的主要因素。ERP、管理和组织模式的改革创新以及企业特色人文环境的建设是实施企业发展战略应考虑的焦点问题。

③ 中国电信现有的网络基础设施不能为用户提供特色服务。中国电信虽然拥有比较完善的网络基础设施，但这大都不是根据市场的实际需要建设的，而是为了满足普遍服务的需要。

④ 拆分让中国电信由主体电信企业降级到一个区域性的电信企业。新中国电信的主要阵地将固守在南方市场，而北方市场将由新中国网通占领。即使受到拆分影响，但中国电信的实力仍然最强，只是苦于无全国网络，无法开展全国性的业务。

（2）中国电信的机会（opportunities）和威胁（threats）分析

1）中国电信的机会。我国国民经济的快速发展以及加入 WTO（世界贸易组织），将为我国的信息化建设和通信发展提供前所未有的发展机遇，同时也为中国电信提供了巨大的机会，主要表现在以下几个方面。

① 国民经济的持续快速发展，形成了潜力巨大的市场需求，为中国电信提供了更大的发展空间。据有关研究报告测算：中国到完成加入 WTO 的各项承诺之后的 2005 年，其 GDP 和社会福利收入将分别提高 1955 亿元和 1595 亿元人民币，占当年 GDP 的 1.5% 和 1.2%。本地经济比较优势的重新配置资源所带来的巨大收益将进一步增强当地经济实力。而且加入 WTO 将推动了外资的引进和内需的拉动。加入 WTO 后各地将极大改善了投资环境，法律透明度提高和国民待遇的实现将吸引大量外来资本，本地企业实力将得到了提高和增强。企业电信消费水平随之提高。劳动力市场结构的调整和转移必然带来社会人员的大量流动，同时拉动巨大的通信需求，话务市场将进一步激活。

② 电信业法律法规不断健全完善，电信业将进入了依法管理的新阶段，为中国电信的发展创造了公平、有序的竞争环境。随着电信业法制的健全，政府的经济职能将发生根本的转变，政府会把企业的投资决策权和生产经营权交给企业，让企业经受市场经济的考验。这意味着政府将给中国电信进一步松绑，给予应有的自主权，有利于中国电信按市场经济规律运作。

③ 中国政府大力推进国民经济和社会信息化的战略决策，为中国电信的发展创造了历史性的机会。“三大上网工程”（政府上网、企业上网、家庭上网）造就了我国消费能力强劲的信息产业市场，为我国信息产业市场创造良好环境的同时，使我国成为全球最大的信息产业市场之一。

④ 中国加入 WTO 后电信市场逐步对外开放，将加快企业的国际化进程，有利于企业的经营管理、运作机制、人才培养与国际接轨。同时可促进中国电信借鉴国外公司的管理经验，积极地推进思维、技术、体制创新，提高产品档次，降低成本，完善服务质量，改进营销策略，增强核心竞争力。

⑤ 电信市场潜力巨大。首先，我国经济发展不平衡，地区之间、消费层次之间的差异决定了电信需求的多层次和多样化，而通信技术的飞速发展促进了电信企业的网络升级换代和业务的推陈出新，在固定电话网与计算机通信的融合点上开发新业务潜力巨大，激发出新的消费需求。因而，从总体上看，我国电信市场孕育着巨大的需求潜力。其次，从固定电话看，中国电信平均主线普及率只有 13.8%，远低于发达国家平均水平。主线收入、盈利水平和市场规模也与发达国家平均水平相差甚远，发展的空间和潜力仍旧巨大。最后，从中国电信的其他业务看，互联网和固网智能网业务的市场规模和盈利能力将随着企业外部环境层次的提高不断扩大。

⑥ 移动牌照的发放。信息产业部部长吴基传曾经在公众场合说过，中国将拥有四个综合电信运营商，它们能够经营固定、移动、数据和其他各种基础电信业务，这意味着将再发两张移动牌照。目前，移动通信领域是潜力最大，也是竞争最激烈的通信领域，将成为各电信企业的必争之地。一旦中国电信拿到了移动牌照，那么移动领域将是中国

电信的又一主营业务。

2）中国电信的威胁。正所谓机会与威胁同在。任何事物的影响都是相对的，中国电信在迎接巨大机会的同时也将面临巨大的威胁，具体表现在以下几个方面。

① 电信市场竞争格局由局部转向全面，由简单转向多元。首先，在竞争趋势方面，国内市场竞争将由价格竞争向核心能力创新竞争过渡。在过渡期间，市场份额的抢夺将成为市场跟随者的发展重点。其次，加入 WTO 后的国际资本竞争压力也将逐步增大。国外电信运营商将通过兼并、联合和收购等方式实现全球服务化的速度不断加快。中国电信市场的 ICP、email、数据库、传真、视频会议等增值业务首当其冲地受到较大冲击，对电信企业的稳定增长产生影响。

② 中国电信人才流失较为严重。国内外许多公司采用高薪、高福利等政策吸引中国电信人才，造成中国电信人才严重流失。这一现象至今仍未得到解决。人才的流动是竞争的必然结果，是关系中国电信生存发展的关键问题。因此，如何体现人才价值、发挥人才潜能，是中国电信必须正视的一个问题。

③ 非对称管制对中国电信的影响。中国电信在经营许可、互联互通、电信资费、电信普遍服务等方面受到相对严格的行业管制。在目前的中国电信市场上，管制的不平等已经制约了中国电信的发展，在日趋激烈的电信市场竞争形势下，不尽快进行改革，中国电信只有一死。新中国电信公司不久后也将通过上市进行机制转换，实现与中国联通、中国移动相同的机制平台，从而开展有效的公平竞争。

2．某炼油厂的 SWOT 分析

某炼油厂是我国最大的炼油厂之一，至今已有 50 多年的历史。目前已成为具有 730 万 t / 年原油加工能力，能生产 120 多种石油化工产品的燃料 - 润滑油 - 化工原料型的综合型炼油厂。该厂有 6 种产品获国家金质奖，6 种产品获国家银质奖，48 种产品获 114 项优质产品证书，1989 年获国家质量管理奖，1995 年 8 月通过国际 GB/T 19002-ISO 9002 质量体系认证，成为我国炼油行业首家获此殊荣的企业。

该厂的研究开发能力比较强，能以自己的基础油研制生产各种类型的润滑油。当年德国大众的桑塔纳落户上海，它的发动机油需要用昂贵的外汇进口。1985 年厂属研究所接到研制桑塔纳配套用油任务后，立即进行调研，建立实验室。在短短的一年时间内，成功地研制出符合德国大众的公司标准的油品，拿到了桑塔纳配套用油的认可证，1988 年开始投放市场。以后，随着大众公司产品标准的提高，该厂研究所又及时研制出符合标准的新产品，满足了桑塔纳、奥迪的生产和全国特约维修点及市场的用油。

但是，该炼油厂作为一个生产型的国有老厂，在传统体制下，产品的生产、销售都由国家统一配置，负责销售的人员只不过是做些记账、统账之类的工作，没有真正做到面向市场。在向市场经济转轨的过程中，作为支柱型产业的大中型企业，主要产品在一定程度上仍受到国家的宏观调控，在产品营销方面难以适应竞争激烈的市场。该厂负责市场销售工作的只有 30 多人，专门负责润滑油销售的就更少了。

上海市的小包装润滑油市场每年约 2.5 万 t，其中进口油占 65% 以上，国产油处于劣势。之所以造成这种局面，原因是多方面的：一方面在产品宣传上，进口油全方位大规模的广告攻势可谓是细致入微。到处可见有关进口油的灯箱、广告牌、出租车后窗玻璃、代销点柜台和加油站墙壁上的宣传招贴画，还有电台、电视台和报纸广告和新闻发布会、有奖促销、赠送等各种形式。而国产油在这方面的表现则是苍白无力，难以应对。另一方面，该厂油品过去大都是大桶散装，大批量从厂里直接出售了，供应大企业、大机构，而很少以小包装上市，加上销售点又少，一般用户难以买到经济实惠的国产油，而只好使用昂贵的进口油。

根据该炼油厂的上述情况，我们可以利用 SWOT 方法进行分析。根据分析结果，为了扭转该炼油厂在市场营销方面的被动局面，应该考虑采取如下措施：制定营销战略；增加营销人员和销售点；增加产品小包装；实施品牌战略；开展送货上门和售后服务；开发研制新产品；继续提高产品质量和降低产品成本；发挥产品质量和价格优势；宣传 ISO 9002 认证效果；通过研究开发提高竞争能力。

3 SWOT 分析模型在战略形成中的应用研究

SWOT 分析代表企业优势（strengths）、劣势（wcaknesses）、机会（opportunities）和威胁（threats）。因此，SWOT 分析实际上是将对企业内外部条件各方面的内容进行综合和概括，进而分析组织的优势和劣势、面临的机会和威胁的一种方法。SWOT 分析法是一种最常用的企业内外部环境条件战略因素综合分析方法。

SWOT 矩阵能帮助企业的经理们识别和制定四种战略：SO 战略（优势—机会战略）、WO 战略（劣势—机会战略）、ST 战略（优势—威胁战略）和 WT 战略（劣势—威胁战略）。规划企业 SWOT 分析的最难之处就在于将外部环境和内部条件结合起来分析，这不仅需要扎实的理论功底和丰富的实践经验，还需要战略的直觉判断且不遵循固定模式。

（1）优势与劣势分析（SW）

竞争优势是指一个企业超越其竞争对手的能力，这种能力有助于实现企业的主要目标——盈利。但值得注意的是，竞争优势并不一定完全体现在较高的盈利率上，因为有时企业更希望增加市场份额，或者多奖励管理人员或雇员。虽然竞争优势实际上指的是一个企业比其竞争对手有较强的综合优势，但是明确企业究竟在哪一个方面具有优势更有意义，因为只有这样才可以扬长避短，或者以实击虚。

由于企业是一个整体，并且由于竞争优势来源的广泛性，所以，在做优劣势分析时必须从整个价值链的每个环节上，将企业与竞争对手做详细的对比。如产品是否新颖、制造工艺是否复杂、销售渠道是否畅通，以及价格是否具有竞争性等。如果一个企业在某一方面或几个方面的优势正是该行业企业应具备的关键成功要素，那么，该企业的综合竞争优势也许就强一些。需要指出的是，衡量一个企业及其产品是否具有竞争优势，只能站在现有潜在用户角度上，而不是站在企业的角度上。

企业在维持竞争优势过程中，必须深刻认识自身的资源和能力，采取适当的措施。因为一个企业一旦在某一方面具有了竞争优势，势必会吸引到竞争对手的注意。一般地说，企业经过一段时期的努力，建立起某种竞争优势；然后就处于维持这种竞争优势的态势，竞争对手开始逐渐做出反应；尔后，如果竞争对手直接进攻企业的优势所在，或采取其他更为有力的策略，就会使这种优势受到削弱。影响企业竞争优势的持续时间主要是三个关键因素：第一，建立这种优势要多长时间；第二，能够获得的优势有多大；第三，竞争对手做出有力反应需要多长时间。如果企业分析清楚了这三个因素，就会明确自己在建立和维持竞争优势中的地位了。

（2）机会与威胁分析（OT）

随着经济、社会、科技等诸多方面的迅速发展，特别是世界经济全球化、一体化过程的加快，全球信息网络的建立和消费需求的多样化，企业所处的环境更为开放和动荡。这种变化几乎对所有企业都产生了深刻的影响。正因如此，环境分析成为一种日益重要的企业职能。

环境发展趋势分为两大类：一类表示环境威胁；另一类表示环境机会。环境威胁指的是环境中一种不利的发展趋势所形成的挑战，如果不采取果断的战略行为，这种不利趋势将导致公司的竞争地位受到削弱。环境机会就是对公司行为富有吸引力的领域，在这一领域中，该公司将拥有竞争优势。

对环境的分析可以有不同的角度。例如，一种简明扼要的方法就是PEST分析，即从政治（法律）的、经济的、社会文化的和技术的角度分析环境变化对本企业的影响。政治（法律）的：垄断法律；环境保护法；税法；对外贸易规定；劳动法；政府稳定性。经济的：经济周期；GNP（国民生产总值）趋势；利率；货币供给；通货膨胀；失业率；可支配收入；能源供给；成本。社会文化的：人口统计收入分配；社会稳定；生活方式的变化；教育水平；消费。技术的：政府对研究的投入；政府和行业对技术的重视；新技术的发明和进展；技术传播的速度；折旧和报废的速度。

哈佛大学教授迈克尔·波特的名著《竞争战略》中，提出了一种结构化的环境分析方法，有时也被称为“五力分析”。他选取的五种环境要素是：① 产业新进入者的威胁。进入本行业有哪些壁垒？它们阻碍新进入者的作用有多大？本企业怎样确定自己的地位（自己进入或者阻止对手进入）。② 供货商的议价能力。供货商的品牌或价格特色、供货商的战略中本企业的地位、供货商之间的关系、从供货商之间转移的成本等，都影响企业与供货商的关系及其竞争优势。③ 买方的议价能力。如本企业的部件或原材料产品占买方成本的比例、各买方之间是否有联合的危险、本企业与买方是否具有战略合作关系等。④ 替代品的威胁。替代品限定了公司产品的最高价。替代品对公司不仅有威胁，也可能带来机会。企业必须分析，替代品给公司的产品或服务带来的是“灭顶之灾”，还是提供了更高的利润或价值；购买者转而购买替代品的转移成本；公司可以采取什么措施来降低成本或增加附加值来降低消费者购买替代品的风险。⑤现有企业的竞争。行业内竞争者的均衡程度、增长速度、固定成本比例、本行业产品或服务的差异化程度、退出壁垒等，决定了一个行业内的竞争激烈程度。

显然，最危险的环境是进入壁垒、存在替代品、由供货商或买方控制、行业内竞争激烈的产业环境。皇冠公司是一家中美合资企业，主要业务是装配及销售中小型压缩机和制冷机组。公司有大约 60 名员工，其中总经理为澳大利亚人，在中国居住已长达 8 年之久，市场销售部由 1 名总监、两名地区经理、5 名销售工程师以及两名技术工程师组成。皇冠公司的客户主要是 OEM（原始设备制造商）厂商及经销商，每位销售人员都要与直接用户和经销商打交道。为此，皇冠公司管理层马上就要召开管理会议，探讨下一步的工作重点，最后讨论得出的结果有多种，一种认为，将团队组织架构及执行力作为主要考虑因素，认为公司的主要问题在于人力资源方面，由于管理层缺乏经验，造成了部门员工的职责不清、责任感不强、战斗意志较弱等问题，所以加强员工组织建设应是首要工作。因此他们提出，皇冠公司在战略上，一是要增加人力资源部门的人手，加强对销售队伍的管理；二是要建立强大的售后服务队伍，在得到客户反馈信息后及时反应；三是要加强分销渠道。在战术上，公司则需要加强零配件库存管理，让管理层持股以强化激励机制。

另一种则认为，强调保持品牌优势的必要性，他们从市场、管理和竞争三个方面进行考虑，并制定了相应的战术：首先，用三个月的时间进行人员培训和团队建设；其次，在主要城市开设办事处，办事处人员以内部培养为主，再利用一个月的时间制订经销商管理方案；最后，用两个月的时间进行竞争对手调查，成立专门针对中西部地区的技术支持小组。公司的优势（strengths）：公司的总体目标及战略清晰；产品线 95% 齐全；产品质量高，市场认可度高；价格战略被市场接受；库存齐全。公司的劣势（weaknesses）：缺少管理人员落实战略；管理人员缺少经验、能力；上海办尚无经理，此外，技术工程师、分销人员不足；团队精神差，缺少沟通；职责不清楚，各自推卸责任；零配件不全，影响售后服务；经营网络、客户网络零散；宣传促销少，市场运作差；销售人员积极性差，工作不认真。公司的机会（opportunities）：市场潜力大；国内经济状况好；卖方市场。公司的威胁（threats）：竞争对手经销网络齐全，销售额理想；竞争对手市场宣传力度大，经常搞产品讲座及展会；竞争对手销售及服务队伍积极主动；本公司广州市场放缓。最后他们的结论是：皇冠公司首先要在北京、上海、广州三地召开大规模的产品发布会，并在杭州和广州各聘用一名销售工程师，在上海聘用一名技术工程师和一名销售经理；然后在北京、上海、广州三个重点区域发展 10 家经销商，再发展 8 ～ 10 家大 OEM 厂商。有人说："作为一种分析工具，SWOT 本身并没有实用价值，它的价值来自进行 SWOT 分析之后产生的结果，更来自随后'对症下药'式的解决方案"。

第三节　消费者行为分析

随着社会的发展，现阶段我国居民的收入水平有了大幅度的提高，消费者需求趋于多样化、社会化和个性化以及复杂化。应通过分析消费者的购买心理，有效地抓住和激发顾客的购买心理，成功地将顾客变为客户，把产品推销给消费者，以促进消费。而人的行动往往是心理的表现，心理的需要往往会由行动表现出来，在销售的过程中，如果商家能够猜测并且准确地掌握顾客的心理需求，就能够很顺利地与顾客完成交易，将商品推销出去。

一、消费者市场与消费者行为分析

1. 消费者的心理特征

消费者的心理特征包括消费者的年龄、性别、兴趣、消费习惯、价值观、性格、气质等方面的特征。

2. 消费者的心理过程

消费者的心理过程分为七个阶段：产生需求、形成购买动机、收集商品信息、做好购买准备、选择商品、使用商品、对商品使用的评价和反馈。

消费者的心理同时受到消费环境、消费引导、消费者购物场所等多个方面因素的影响。商家往往会通过对消费者心理需求的分析和掌握，制定相应的营销策略。

3. 消费心理分析

（1）根据需求寻找购买目标。

（2）心理感知所欲购商品是否与需求相符合。

（3）诱发对欲购商品的使用联想。

（4）与其他商品进行判定与比较。

（5）选择购买。

（6）购后体验与反馈。

4. 消费心理的基本概念

消费心理是指消费者进行消费活动时所表现出的心理特征与心理活动的过程。根据消费者的心理特征，大致有四种消费心理，分别是从众、求异、攀比、求实。

5．消费心理的主要类型

公众的主要消费心理类型大致有：第一，从俗心理。即入乡随俗，消费行为上的趋同心理，不同地区、不同城市会有不同的消费观念。第二，同步心理。即我们通常所说的攀比心理，相同的社会阶层在消费行为上有相互学习、相互攀比的倾向。第三，求美心理。即人们在消费活动中追求美好事物的心理倾向，希望自己消费的每一件产品都是完美的、实在的。第四，求名心理。即某些消费者（大都为有一定的经济基础的消费者）希望借助名牌商品提高自己的社会地位和知名度的心理倾向。第五，求异心理。这是与从俗心理相反的一种心理现象，追求一种与社会流行不同、与时代相悖的消费倾向，如现在的非主流。第六，好奇心理。即顾客在选择商品时，对外型的特殊关注。第七，选价心理。即顾客在选择商品时，对价格的特殊关注。这些心理类型并不分属于不同的人，而是不同程度地存在于每一个消费者的心中。当一种产品满足了顾客某一类心理需求时，就会诱发他的购买动机。

6．消费者的购买动机

购买动机是引导顾客购买活动指向一定目标，以满足需要的购买意愿和冲动。这种购买意愿和冲动是十分复杂、捉摸不透的心理活动，从其表现来看，可以将消费者的购买动机归纳为以下两大类。

（1）理智动机

1）适用。适用即求实心理，是理智动机的基本点，即立足于商品的最基本效用。在适用动机的驱使下，顾客偏重产品的技术性能，而对其外观、价格、品牌等的考虑则在其次。

2）经济。经济即求廉心理，在其他条件大体相同的情况下，价格往往成为左右顾客取舍某种商品的关键因素。折扣券、大拍卖之所以能牵动千万人的心，就是因为“求廉”心理。

3）可靠。顾客总是希望商品在规定的时间内能正常发挥其使用价值，可靠实质上是“经济”的延伸。名牌商品在激烈的市场竞争中具有优势，就是因为具有上乘的质量。所以，具有远见的企业总是在保证质量的前提下打开产品销路。

4）安全。随着科学知识的普及，经济条件的改善，顾客对自我保护和环境保护意识增强，对产品安全性的考虑越来越多地成为顾客选购某一商品的动机。“绿色产品”具有十分广阔的前景，就是适合这一购买动机来促进销售。

5）使用方便。省力省事无疑是人们的一种自然需求。商品，尤其是技术复杂的商品，使用快捷方便，将会更多地受到消费者的青睐。带遥控的电视机、只需按一下的“傻瓜”照相机以及许多一次性商品走俏市场，正是迎合了消费者的这一购买动机。

6）售后服务。产品质量好，是一个整体形象。对多数消费者而言，花不小一笔积蓄购买高档耐用消费品，即使就是享誉世界的名牌产品也不能完全消除心理上的紧张感。因而，有无良好的售后服务往往成为左右顾客购买行为的砝码。为此，提供详尽的说明书、进行现场指导、及时提供免费维修、实行产品质量保险等都成为企业争夺顾客的手段。

（2）感情动机

1）好奇心理。好奇是一种普遍的社会现象，没有有无之分，只有程度之别。一些人专门追求新奇，赶时髦，总是充当先锋消费者，至于是否经济实惠，一般不考虑，诸如魔方、跳跳糖、谜语手纸、电动牙具、意彩娃娃等能在市场上风靡一时就是迎合了人们的这一心理。

2）炫耀心理。这多见于功成名就、收入颇丰的高收入阶层，也见于其他收入阶层中的少数人，在他们看来，购物不仅要适用、适中，还要表现个人的财力和欣赏水平。他们是消费者中的尖端消费群。购买倾向于高档化、名贵化、复古化，几十万美元乃至上百万美元的轿车、上万美元的手表等的生产正是迎合了这一心理。

3）攀比心理。攀比，社会学家称之为“比照集团行为”。有这种行为的人，照搬他希望跻身其中的那个社会集团的习惯和生活方式。人家有了大屏幕彩色电视机、摄像机、金首饰，自家没有，就浑身上下不舒服，不管是否需要，是否划算，也要购买。

4）从众心理。作为社会的人，总是生活在一定的社会圈子中，有一种希望与他应归属的圈子同步的趋向，不愿突出，也不想落伍。受这种心理支配的消费者构成后随消费者群。这是一个相当大的顾客群。研究表明，当某种耐用消费品的家庭拥有率达到40%后，将会产生该消费品的消费热潮。

5）崇外心理。一些讲摩登的人盲目崇拜外国货，只要是舶来品就买，一些家用电器生产厂，尽管绝大部分甚至全部采用了国产件，仍沿用进口散件组装的牌子在国内销售。有的企业在产品或包装上全用外文，或者只用拼音字母而不注一个汉字，在国内销售，进行不正当竞争，就是利用这种崇外心理。

7. 消费心理在各类人群及各年龄段的表现

据中国人民大学舆论研究所参与完成的调查统计显示，各类人群及各年龄段有如下心理特点。

（1）少年的消费心理。追求时尚与新颖，追求个性，善于表现自我，注重感情，具有容易冲动的消费心理。

（2）对于中年人的消费心理。由于中年人心智已成熟，所以讲究计划性，又有理智性、注重实用性的心理特征。

（3）老年人的消费心理。女性花钱爱算计：女性中花钱特别仔细的占12.4%，比较仔细的占49.8%，花钱不太仔细的占20.7%，花钱很不仔细的占2.9%，不一定的占14.2%。年龄越大手越紧：40岁以上年龄段消费者花钱都“比较仔细”，并且表现为年龄越大越仔细。其中 60 岁以上的消费者近乎“特别仔细”。相对而言，20 ~ 29 岁年龄段的消费者花钱最不仔细。

8. 消费者的职业和身份特征分析

学历越高，职位越高，花钱越不仔细。一般来说，大专以上学历的人消费比较“大方”，而高中文化程度及以下的群体消费特征为“比较仔细”。花钱最仔细的要数离休人员，其次依次是农民、军人、企业职工、科教文卫人员。花钱相对最不仔细的是私营业主、个体劳动者、企业管理人员、高校学生。

9. 当代消费者心理变化的特征

当今企业正面临前所未有的激烈竞争，市场正由卖方市场向买方市场转变，消费者主导的营销时代已经来临。在买方市场上，消费者将面对更为纷繁复杂的商品和品牌选择，这一变化使当代消费者心理与以往相比呈现出新的特点。

（1）个性消费的复归。之所以称为“复归”，是因为在过去相当长的一个历史时期内，工商业都是将消费者作为单独个体进行服务的。在这一时期内，个性消费是主流。只是到了近代，工业化和标准化的生产方式才使消费者的个性被淹没于大量低成本、单一化的产品洪流之中。另外，在短缺经济或近乎垄断的市场中，消费者可以挑选的产品本来就很少，个性因而不得不被压抑。但当消费品市场发展到今天，多数产品无论在数量还是品种上都已极为丰富，现实条件已初步具备。消费者能够以个人心理愿望为基础挑选和购买商品或服务。更进一步，他们不仅能做出选择，而且还渴望选择。他们的需求更多了，变化也更多了。逐渐地，消费者开始制定自己的准则，他们不惧怕向商家提出挑战，这在过去是不可想象的。用精神分析学派的观点考察，消费者所选择的已不单是商品的使用价值，而且还包括其他的“延伸物”，这些“延伸物”及其组合可能各不相同。因而从理论上看，没有一个消费者的心理是完全一样的，每一个消费者都是一个细分市场。心理上的认同感已成为消费者做出购买的品牌和产品决策时的先决条件，个性化消费正在也必将再度成为消费的主流。

（2）消费主动性增强。在社会分工日益细化和专业化的趋势下，即使在许多日常生活用品的购买中，大多数消费者也缺乏足够的专业知识对产品进行鉴别和评估，但他们对于获取与商品有关的信息和知识的心理需求却并未因此消失，反而日益增强。这是因为消费者对购买的风险感随选择的增多而上升，而且对单向的“填鸭式”营销沟通感到厌倦和不信任。尤其在一些大件耐用消费品的购买上，消费者会主动通过各种可能的途径获取与商品有关的信息并进行分析比较。这些分析也许不够充分和准确，但消费者却可从中获得心理上的平衡，降低风险感和购后产生后悔感的可能，增加对产品的信任和争取心理上的满足感。消费主动性的增强来源于现代社会不确定性的增加和人类追求心理稳定和平衡的欲望，而且人天生就有很强的求知欲。

（3）对购买方便性的需求与对购物乐趣的追求并存。一部分消费者工作压力较大，紧张度高，他们会以购物的方便性为目标，追求时间和劳动成本的尽量节省。特别是对于需求和品牌选择都相对稳定的日常消费品，这点尤为突出。然而另一部分消费者则恰恰相反，由于劳动生产率的提高，人们可供支配的时间增加，一些人希望通过购物来消遣时间，寻求生活的乐趣，保持与社会的联系，减少心里孤单。他们愿意花大量的时间和体力来进行购物，前提是能给他们带来乐趣。因此，这两种心理将是今后较长时间商家要考虑的消费心理。

10．消费者行为学在我国的应用

消费者行为学是 20 世纪 80 年代中期从西方引入我国的。实践证明，在我国发展社会主义市场经济的过程中，研究消费者的心理和行为有极其重要的意义，具体如下。

（1）加强和提高经济决策水平，促进国民经济协调发展。

（2）有助于商家根据消费者的需求变化制定销售策略，增强市场竞争力。

（3）有助于消费者提高自身素质，科学地进行个人消费策略，改善消费行为，实现文明消费。

商家的销售实践中面对的顾客是各种各样的，消费心理也是各不相同的，因此，在销售过程中，就需要商家根据不同的顾客采取不同的营销方式和策略，这样才会收到事半功倍的效果，同时也是节约营销资源的有效途径。另外，商家应该花一点时间来对自己的顾客进行分类，并根据不同的顾客制定不同的营销策略。

二、消费者行为分析案例

随着新的医疗保险办法的实施，药品分类管理办法的出台，非处方药品目录的公布，病人自主治疗意愿的增加，大量零售药店出现了，消费者从公开渠道及充足货源里购买非处方药物的机会大大增加，药品零售额快速增长，非处方药市场充满机遇。越来越多的制药企业进入零售市场，希望通过广告和促销建立自己的非处方药品牌，获得经济效益。在这一领域获得成功的关键是公司直接向消费者进行营销的能力，即制定有效的非处方药市场营销策略并付诸实施的能力。而市场营销策略的制定必须建立在研究消费者市场和消费者行为的基础之上。消费者市场需要研究：谁是购买者；购买对象；购买目的；购买行为；购买时间和购买地点。消费者行为需要研究：购买者行为受哪些因素影响？消费者是怎样做出决策的？

1.OTC 消费者市场

OTC（OTC 是 over the counter 的缩写，在医药行业术语中特指非处方药）消费者市场要研究的内容包括以下几个方面。

（1）非处方药的购买者是谁？（什么样的人构成某产品的购买市场？）OTC 药品的概念和特点决定了 OTC 药品的购买者是：成年人；有一定的疾病判断能力，能较为准确地判断病的类别和病情严重程度，有一定的药品使用经验；在经济上有一定的来源，可以自主支配药品费用；文化程度高的人和医疗保健意识更强的人；工作节奏快的人。

（2）该市场顾客购买什么样的 OTC 药品？（目前消费者市场需要什么样的 OTC 药品？）消费者购买 OTC 药品因为治疗的疾病类别、制造商、品牌、价位、剂型、包装等的不同而存在区别；还因为是否进入医疗保险报销目录而不同。消费者对一个产品的把握一般有三个方面的知识：有关产品属性和特征的知识，使用产品的积极结果或收益，有助于消费者满意或达到目的的产品价值。消费者对 OTC 产品的认识也一样，这三个方面知识的结合形成了他们对 OTC 产品的认识。OTC 产品的属性：如包装外观、说明书、药品外观及开启的方便性、服用方便性、口感等。OTC 产品的利益：如疗效、副反应、起效速度及安全性等。OTC 产品的价值满足：品牌地位进入医疗保险目录对于 OTC 药的推广很重要，调查显示，当消费者经常使用某种疗效不错的公费药变为自费药时，享受公费医疗的消费者中有近一半人会从公费药中寻找替代药，而不会自费购买这种药，只有近 13% 的消费者会自费购买这种药。目前的非处方药尚未受到公费报销的限制，公费报销品种目录中有不少是非处方药。研究表明，有 2/3 的非处方药是通过医生处方开出的，从而获得了医疗保险公司的补偿。

（3）该市场为何购买？（消费者为什么要购买？）消费者购买 OTC 药品的原因有以下几点：治疗小病痛；方便；省时；节约费用。99% 的消费者表示，他们去药店最主要的原因是得了小病，自己能够察觉症状并且判断缓解的程度。所以服用 OTC 药品是消费者治疗日常小病最常用的方法。患者使用 OTC 药品对自身一些常见的、轻微的小病症进行自我药疗，大大节省了他们去医院排队看病、等待治疗的时间。同时，非处方药的市场销售价格比处方药便宜，因此，消费者可以节约费用。

（4）该市场何时购买？（这类人购买某产品的时间）OTC 药品购买方便，无须医生处方就可以很方便地在药店购买。OTC 药品一般质量稳定，保质期长，基本在两年以上，用于治疗常见病、多发病，购买量大的话，也不必担心过期变质，所以 OTC 药品消费者一般有疾病发生时去购买，或者方便时购买、顺便时购买。

（5）该市场何地购买？（这类人购买某产品的地点）购买 OTC 药品可以去：医院、药店；医疗保险定点的医院和药店，或者未定点的医院和药店；连锁药店或非连锁药店；有品牌的、服务好的药店或普通的药店；平价药店；连锁药店；社区附近，或者医院的药店。对于享受医疗报销的消费者来说，他们必然选择医疗保险定点的医院或药店购买医疗保险目录中的 OTC 药品。关注价格的消费者或者购买长期用药的消费者宁愿去平价药房。医院附近的药店能得到更多的外配处方。注重药品质量的消费者更愿意去大型的连锁药店买药，药品质量有保证。

（6）这类人购买某产品的方式，即他们喜欢如何购买。

（7）是谁在进行购买活动？

2．OTC 消费者行为的影响因素

影响 OTC 消费者行为的因素主要有以下几种。

（1）文化因素

随着消费者文化水平的提高，保健意识增强，对于预防疾病和身体保健逐渐地重视起来，特别是高收入阶层和中老年人对补充维生素、增强免疫功能、防病强身、改善生活质量的 OTC 药品的消费支出增加了。现在的中青年女性更舍得购买减肥和养颜的 OTC 产品。

（2）社会因素

消费者 OTC 购买行为受到一系列社会因素的影响，如消费者的相关群体、家庭和社会角色与地位。一些消费者会因为角色和地位因素，在选择非处方药时考虑品牌和药品档次。儿童和青少年的 OTC 药品消费主要受家庭中父母的影响，因为父母更有经验，他们在 OTC 产品的购买和消费方面，父母起着决定性作用，一般来说，父母是决策者。他们从父母身上可以学习到一些常见病的诊断和治疗方法。这将影响子女在成人后的 OTC 消费观念。白领阶层在选购 OTC 药品时，更倾向于知名品牌和声誉好的公司的产品，如合资药品，更倾向于价位高的药品。

（3）个人因素

消费者 OTC 购买决策也受其个人特征的影响，如消费者对自己的病情变化的感知、对品牌特征的感知、对其他备选品牌的态度，特别是受其年龄所处的生命周期阶段、职业、经济环境、生活方式、个性和自我概念的影响。成年人、对病情判断力强的人购买 OTC 药的可能性更大些；自我保健和自我药疗意识强的人、工作节奏快的人、不享受医疗费用报销的人去药店购药的次数更多。许多慢性病患者，如高血压、慢性胃炎、糖尿病病人等需要长期服药，这些患者在经过几次医生诊治和处方后，知道了自己的病情，知道该用什么药，这些患者可能会直接去社会零售药店买药。

（4）心理因素

在我国消费者的认识中，受传统中医药文化的影响，普遍认为中药的毒副作用小，许多中药在预防和保健方面作用显著，比西药更安全；中药在一些慢性病的治疗方面可能比西药更有效；中药的作用也全面，可以从根本上治疗疾病。一般的家庭中都会备有三七伤药片、红花油、健胃消食片等一些中成药。而在起效速度方面，普遍认为西药比中药见效快。

3．OTC 消费者决策

OTC 消费者是怎样做出决策的？营销人员必须识别谁做出购买决定及做出购买决定的因素，购买者的介入程度和对品牌有效性的数目，确定消费者属于哪一种购买类型。

（1）购买的角色

1）发起者，是患者，包括儿童、老人、男性、女性患者在内。

2）影响者，包括家人、朋友、医生、药店店员、广告代言人等。

3）决策者，指在是否买、为何买、如何买、在哪里买等方面做出完全的或部分的最后决策的人。

4）购买者，是实际采购人。

5）使用者，是实际消费产品的人。

6）儿童药品的消费者是儿童，决策者和购买者一般是父母。在家庭中，妻子可能帮助丈夫购买保健的 OTC 药品。

（2）购买的行为

寻求多样化的购买行为和处方药相比，OTC 药品具有安全性高、疗效确定、质量稳定、使用方便等特点，所以购买决策过程相对简单，消费者低度介入，显示出与其他日常消费品类似的购买特征。但因为同一治疗类别的非处方药品品牌众多，差异较大，表现在功效、价格、包装、公司声誉上的不同，因此，消费者寻求多样化的购买行为。

4．OTC 购买过程

OTC 购买过程由以下步骤组成：问题认识、信息收集、对 OTC 药品的评价、购买决策和购后行为。

（1）问题认识

引起消费者购买 OTC 产品的环境：可能是疾病发作，产生不适的症状；或者疾病多发季节的即将到来，提前考虑购买 OTC 药品，如夏季来临，购买治疗蚊虫叮咬的 OTC 药；或者受购药环境影响，如设在超市药店的产品展示、药店的促销活动等会引起非计划购买行为发生。

（2）信息收集

OTC 药品消费者信息来源有四种：①个人来源，如家庭、朋友、邻居和熟人。②商业来源，如广告、推销员、经销商、包装、陈列。③公共来源，如大众传播媒体、消费者评审组织。④经验来源，如使用产品。这些信息来源有营销人员可以控制的和不能控制的，有来自个人的和非个人的。另外，医生、店员、消费者、家人、朋友都可以传递 OTC 药品信息，所以在营销策划中要重视他们的作用。

（3）对 OTC 药品的评价

1）评价因素。对 OTC 药品品牌的评价包括以下因素：功效、安全性、服用方便性、价格、包装、公司声誉等。综合评价高的品牌应该作为购买意图。

2）OTC 消费决策关注品牌。北京新华信商业风险管理有限责任公司 1999 年度消费者购药行为调查研究结果显示，80% 的消费者在购买前有明确的品牌倾向。OTC 药品多为治疗一般疾病的常备药品，如感冒药、止痛药、肠胃药、皮肤药等，这些药品一般在生产技术上都比较成熟，不具有专利技术方面的竞争优势；而正因为技术工艺的简单，又使此类药品的生产厂家众多，市场上同一种 OTC 药品往往具有多个品牌，市场竞争异常激烈。因为消费者不具备辨别药品内在品质的能力，所以代表产品品质和信念的品牌成为消费者购买 OTC 产品的导向。在广泛决策制定期间，消费者倾向于搜寻产品信息，所以用一种品牌促销来中断他们的问题解决过程相对容易。成功的 OTC 产品销售必须用消费品的营销手段建立产品品牌和促进产品销售。鉴于品牌对于 OTC 药品评价的重要性，因此除了医生意见和自身经验，实际上，广告成为人们了解药品的重要来源和影响人们购买决策的重要因素。

（4）购买决策

消费者在评价阶段可能形成某种购买意图而偏向购买他喜爱的品牌，然而，在购买意图与购买决策之间，可能受到他人的态度影响和未预期到的情况因素影响，专业人士具有左右 OTC 药品购买决策的能力。尽管 OTC 药品无须医生处方，消费者即可在药店购买，OTC 药品越来越接近于一般消费品，但是，药品毕竟是用来治病救人的，并且药品知识的专业性较强，还不是一种普及性知识，所以，消费者在购买和使用 OTC 药品时，十分关注专业人士（如医生、药剂师等人）的意见。据美国 Scott-Levin 医疗保健咨询公司最近的一份调查显示，约有 50% 的病人根据医生的建议使用 OTC 药品。医生给病人的 OTC 样品也起着重要作用，有 35% 的病人在过去一年接受过样品，并且约 50% 的病人称他们自己将会购买同样的药品。店员与消费者进行交流是一个重要的市场营销战略。有调查结果表明，除了电视广告，药店店员对消费者购药的影响大于其他各种广告媒体。值得注意的是，一旦店员向消费者推荐某种药品时，有 74% 的消费者会接受店员的意见，这表明在药品消费中店员能起到很大的作用。特别需要指出的是，在明确具体品牌的消费者中，当店员向他推荐其他品牌药品时，占 66% 的消费者改变了主意，他们接受了店员的意见。

（5）购后行为

OTC 药品都有很详细的使用说明书，消费者按照说明书文字就可以很方便地使用，而使用效果是否满意，是否有不良反应发生，首先取决于该药品的选择是否对症，如果购买的 OTC 药品不对症，治疗效果必然大打折扣，还可能产生不良反应；如果药品选择对症，然后看产品本身的功效和不良反应，是否疗效好，起效快，而不良反应小。消费者如果使用 OTC 药品后满意，必然强化他的产品信念，会刺激下次的购买。他们往往会记下上次医生处方的药品名称，或者直接拿着药品包装盒，指名购买同样的产品。国家规定 OTC 药品使用说明书上要注明制药商的联系电话，目的在于及时得到不良反应的信息，这也是制药商提高售后服务质量的主要途径。总之，非处方药市场营销者只有在了解消费者行为的基础上，制定出使目标顾客的需要和欲望得到满足与满意的营销策略，才有市场成功开发的可能。

第三章　商业市场营销调研

第一节　市场调查概述

建立营销决策，首先要建立科学的市场信息系统。大多数的企业在改变或是制定新的营销策略中起着非常关键的先导性作用的就是市场调研。市场调研是一种通过特定信息将消费者（顾客、客户和公众）与营销者（生产商、销售商）联系起来的手段，这就是美国市场营销协会（AMA）对市场调研的定义。

一、市场调查在市场营销中的作用和意义

毛泽东说过："没有调查，就没有发言权。"这是在哲学的角度说明了市场调查的重要性，《中庸》有云："凡事预则立，不预则废。"这也说明了市场调查的重要性。建立和保持与目标市场之间的互利交换关系，而对设计方案进行的分析、计划、执行和控制以便实现企业的目标，这就是我们所说的市场营销。在市场调查中，基本包括了市场营销的全过程。例如，包括市场营销调查目标与功能、调查方法、调查机构、调查控制、资料整理与分析、销售预测等。市场调查在市场营销中的作用和意义表现在以下几个方面。

1．企业开发新产品，开拓新市场的需要

在日益激烈的社会竞争中，企业要想生存和发展，就需要不断地开发出新的产品，开拓新的市场，创造为自己的产品和服务推广的更多的发展机会，这就需要对消费者进行调查，掌握消费者的偏好、消费者的需求、消费者偏好的变化及消费趋向、期望的产品价值等。企业根据市场调查的情况设计出满足消费者需求的产品，营销计划根据这些来制订，使企业的营销再次出现新的高潮。

2．提高企业的竞争能力要求进行市场调查

企业要在竞争中处于有利的地位，归根结底，就是要及时掌握有效的信息。信息的时效性和有效性就特别重要，要想获取最新的信息，并要及时地掌握信息动态，这就需

要进行市场调查。通过调查得知这些有利用价值的信息。“我们始终坚持不懈地致力于开发消费者自身及其需求的深度理解并将其转化为我们的竞争优势”，是宝洁公司的信条之一。要想获得信息资源，对于流动性不强的企业来说，就必须依赖于自身的调查。

3．进行市场调查有助于对产品品质跟踪和顾客满意度的跟踪

顾客的满意度是企业能否成功占领市场的前提，要想留住目标客户，增加企业的收益，就要有优质的自身产品质量，才会有顾客的满意度。这就要通过市场调查来获取产品质量和顾客的满意度。通过市场调查，企业可以了解客户的真正需求，更加客观准确地判断产品的质量，了解客户偏好哪些类型和形式的产品，作为企业决策的依据。

二、我国企业市场调查的现状

1．缺乏市场调查理念

我国大多数企业在做营销决策时，自身就缺乏市场调查理念，不通过调查现有的市场情况，就是凭借多年的经验对市场进行直观、感性的判断。但是在国外，市场调查是常规性的，国外企业在每做一次营销决策前都要进行市场调查。

2．传统的数据收集方法、分析方法落后

现如今，人们的生活、学习、工作等都是通过互联网实现的，可是我国多数的市场调查公司在进行市场调查时仍然是通过传统的方法收集数据，并没有利用互联网的自身优势开展此项工作。如相关分析、回归分析、列联表分析、因子分析等调查的数据分析方法，大多数市场调查公司的数据分析仍是这些传统的方法，并没有广泛应用一些先进的数据分析方法，如正交分析法等。

3．缺乏专业人才

目前，统计学、经济学、计算机等各专业的具有本科以上学历的人员，毕业后从事了本土的市场调查与研究机构。但是很多人员由于工作时间少、经验欠缺，大部分的企业公司都缺乏业内的权威人士。而市场调查研究行业的业务具有高度专业性，市场进入的技术障碍较高，因此，专业人才的缺乏成为制约该行业发展的重要因素。

三、营销决策中市场调查的应用

买方市场对企业提出的客观要求，使企业走向成熟的重要标志就是要重视起市场调查。

1．规范市场调查的步骤

市场调查的步骤总结为不可分割的四个阶段，即准备、收集资料、分析和总结。这

四个阶段具有渐进性。市场调查的准备阶段是开展市场调查工作的前提，需要确定调查的任务、设计调查的方案、组建调查的队伍等。前期的准备工作是进入市场调查的决策、设计、筹划阶段。运用科学的方法系统地收集被调查对象的信息是市场调查收集资料最主要的任务，在市场调查活动中最为重要、投入较大的阶段是收集资料的阶段。收集资料是进入分析阶段的前提，将收集资料阶段取得的资料进行鉴别与整理，并统计分析出整理后的市场资料，做出理论研究，是分析阶段的主要任务。规范市场调查的步骤的最后一个阶段就是总结阶段，撰写市场调查报告、总结调查工作、评估调查结果等就是主要任务。

2．产品生命周期的市场调查

在产品开发阶段，企业可以利用市场调查的方法来挖掘各种新产品和创意，从内部、外部建立起产品创意库，给每个充满创意的产品各种评价，对真正有前途的新的想法形成及时的产品。在产品引进期，需要按目标客户的需求进行市场调查来确定广告媒体、广告内容和广告策略，使产品尽快被目标客户接受，打开市场。在产品的增长期，需要调查竞争对手，包括竞争对手的产品调查、竞争对手的价格调查、竞争对手的销售渠道调查、竞争对手的弱点和相对优势的分析，从而选择正确的营销策略。在产品成熟期，可采取调整营销策略、调整市场、调整营销组合、融合策略，以提升市场竞争力。因此，通过对潜在的竞争对手，他们替代品的现状调查和发展趋势调查，可以获得明确的威胁和面临的挑战信息，进而确定产品的发展方向、产业参与等准确的决策，未雨绸缪。在产品衰退期，企业可以决定产品适时退出市场，对市场上现有产品进行比率调查，并设计替代原有产品或开发新产品，以保持企业的可持续发展。

3．产品、价格、渠道决策中的市场调查

企业要真正地了解产品的特性和消费者的消费需求，就要全面地对产品的品质、造型、包装、服务等进行全面的市场调查和分析，以市场信息为依据，进行产品的定位。关于价格的调查，大多数的企业采用的是问卷调查，通过访问的方式在市场上调查来了解消费者对产品价格的接受度，以及了解消费者心目中的理想价格。也有部分企业让消费者选择多个测试样品。即将市场上主要品牌和不同价格水平组合为多个测试样品，以此模拟价格发生变动对消费者的品牌取向产生何种影响，这就是市场调查中采用的实验方法。渠道调查是在通过调查产品自身、调查市场、调查消费者的购买行为、调查企业自身等诸多信息，将这些信息收集起来，与之前调查产品的品质定位、价格等综合起来，增加中间商的因素，即深入调查与中间商合作的可能性、所付费用、中间商能够提供的服务等，在此基础上选择出正确的营销渠道。如调查产品的重量、价格、技术复杂程度来确定产品自身的因素；通过市场区域范围大小、顾客集中程度等来确定市场的因素；通过消费者的购买频率、购买量等来确定购买行为因素；通过推销渠道管理能力以及市场经验等确定企业自身的因素。

4. 促销决策中的市场调查

在整个营销活动中，企业达成营销目标最有效的策略之一就是促销，这是在营销活动中非常重要的一个环节。企业在促销上要花费大量经费，而且促销的方式多种多样，不能盲目地进行促销。像广告、公共关系、人员推销等都是常见的主要的促销方式。企业要实施有效的促销推广活动，就要求通过市场调查的方式，对市场、消费者、竞争对手等情况以及促销的结果进行明确把握，以便营销决策者对促销方式做出正确的决策。

由于市场调查的运用，营销决策者在营销决策中有了可靠的依据，从而为科学性的决策提供了保证。但是由于在调查过程中抽样误差和非抽样误差的存在，调查结果难免会出现误差,因此,调查不是准确地给出决策的方案,只是为营销决策提供所需要的信息。

第二节　确定市场调研项目的主题与方案的制订

一、确定市场调研项目的主题

调研公司接受了委托项目之后，需要根据委托方的要求进行市场调研和预测，提供企业所需的各类数据、资料、情报、信息，为企业的经营服务。接受了公布委托调研项目的调研公司成立了项目组，指定了项目经理，负责组织实施这项调研任务。在项目经理的带领下，项目组开始着手策划并实施市场调研工作。

1. 与委托方接洽，明确调研意图

项目经理考虑，首先要与委托方接洽，了解委托方的意图，明确这次调研的目的与任务，才能策划市场调研的方案，并付诸实施。于是，项目经理打电话约见该服饰公司的负责人（可能是公司经理、营销经理等，以下简称委托方）。

项目经理：您好！我是 ×× 调研公司负责贵公司 ×× 休闲服装市场调研项目的负责人，在策划安排这一项目的调研工作之前，需要了解贵公司的一些情况，咨询贵公司对调研项目的调研意图和基本要求，我们能见面谈一下吗?

委托方：可以。明天上午上班后，您到我公司的办公室面谈吧。

项目经理：好吧，明天见！

第二天上午，项目经理带领一名项目组成员到了该服饰公司，与服饰公司初步沟通，双方就公司欲开发的休闲服装市场调研工作初步达成了共识。面对竞争市场，双方认为市场存在以下问题：第一，品牌定位不清晰；第二，服装款式同质化现象严重；第三，服装板型差距大；第四，市场推广手法雷同。项目经理了解到服饰公司希望通过调研了解相关品牌的特征、消费者的消费倾向，为新开发的 ×× 品牌男士休闲服装寻找新的市场空间和出路。

双方的接洽使调研人员了解到企业决策者在企业经营管理中面临的问题，即“什么是决策者所要做的”问题。显然，市场调研与预测问题要受经营管理决策问题的影响和制约，不理解委托方意图的调研方案，不会是一个好的方案。

2．收集资料，分析问题的背景

第三天，项目经理认为项目组必须考虑“什么信息是所需要的，如何获取这些信息”的问题，从而使调研工作能够实现委托方的意图。于是，项目经理召集项目组成员第一次会议。

项目经理：咱们公司承接了广州某公司 ×× 休闲服装市场调研项目，项目由在座的各位合作完成。今天召集大家共同商议确定该项目调研方案的有关问题。

调查员：您与服饰公司的人员见过面吗？这次调查的主题您清楚吗？

项目经理：昨天我已经与服饰公司的负责人洽谈过了，公司的意图我已经写在发给大家的材料中，大家可以认真看一看。我们需要考虑达到公司的意图，需要收集的就是资料，了解项目面对的市场背景情况。

调查员：既然这样，组长，您分配任务吧。

项目经理在会议上安排项目组成员查阅服饰公司提供的资料，检索了该服饰公司的网站及相关服饰网站，查阅了相关报刊及文献，经过三天的时间收集并整理了以下的资料：第一，企业资料。从资料中了解到该公司是一家专门生产与经营休闲服饰的企业，该休闲服饰品牌在国内属于大众品牌，公司拥有较好的生产设备与技术人员，自动化水平较高，生产的服装销往全国各地，并在一些城市及较大的商场设有专卖店或专柜，企业的经营业绩处于稳定期。第二，产品市场资料。公司新推出的产品属于男性休闲服装，市场上同类品牌的服装较多，市场竞争力激烈，产品更新周期短，新产品上市快，但近几年随着人们生活水平的提高，生活习惯在发生着改变，休闲服装的销售势头看涨。第三，消费者资料。穿着休闲装的男士越来越多，且年龄分布趋于分散，职业特征不明显，对休闲服装款式、质地等的要求提高。这些资料的获取使项目组对于休闲服装市场有了基本的了解，对于企业的经营状况及实力有了进一步的了解，这些都非常有助于项目组准确把握调研意图，明确调研目标。一般情况下，为了明确哪些信息是调研所需要的，调研人员就要掌握与企业和所属行业相关的各种历史资料和发展趋势，包括销售额、市场份额、盈利性、技术、人口统计、生活方式等，当一个企业的销售额与整个行业的销售额同时下降，或企业的销售额下降而行业的销售额上升时，所反映的问题是截然不同的。此外，调研人员还要掌握与分析企业的各种资源和面临的制约要素，如资金、研究技能、费用、时间等。同时要了解消费者或顾客的购买行为、法律环境、经济环境、文化环境，以及企业开展市场营销的技术，企业的人员、组织结构、文化、决策风格等因素。

3．确定市场调研的主题

第四天，项目组长召开项目组第二次会议，商讨制订该项目的市场调研方案。

项目经理：经过三天的资料收集与分析工作，我们已经清楚了公司的调研意图，项目面对的产品市场的基本情况，现在可以讨论一下这次调研的目标了。

调查员：请问经理，确定市场调研项目的目标，我们应当遵循哪些规则呢？

项目经理：两个规则：一是能使调研与预测者获得经营管理决策所需的全部信息；二是能指导调研与预测者开展调研与预测活动。例如我们承担调研任务后与服饰公司的洽谈，就是为了获得经营管理决策者的意图，但是只了解意图不行，还必须掌握相关的信息，才能使我们正确开展调研工作，这也是我们这三天工作的目的。

调查员：进行产品市场的需求调研，需要考虑哪些因素来确定调研主题？

项目经理：我们做的是商品的需求调查，主要应该从商品的需求数量、质量、品种、规格、包装装潢、需求地点和时间、需求的满足程度、市场占有率等方面考虑，并考虑市场需求总量及其构成情况。

调查员："市场需求总量及其构成"是指什么呢？

项目经理：市场需求总量及其构成，表明全国或地区市场的需求量和构成，是从宏观上对市场需求的调查研究。

调查员：明白了，我们应当针对男装休闲服饰的这些问题来确定调研的目标。

项目组在分析了解调研项目背景资料的基础上，就服饰公司拟推出的男士休闲服饰的市场调研工作，最终确定了调研项目的目标或者说主题如下：第一，了解目前男装休闲市场的竞争状况和特征；第二，了解竞争对手的市场策略和运作方法；第三，了解男装休闲市场的渠道模式和渠道结构；第四，了解消费者对男装休闲市场的消费习惯和偏好；第五，了解男装休闲市场的品牌"三度"（知名度、美誉度、忠诚度）竞争；第六，了解消费者对男装休闲产品的认知和看法。本次调研最根本的目的是真实地反映休闲服装市场的竞争状况，为 ×× 品牌的定位及决策提供科学的依据。

二、确定调研对象

调研项目的主题确定后，项目经理继续组织项目组成员研究策划市场调研的方案。凭经验，项目经理要求大家从调查范围与对象、资料的收集方式、调查问卷的设计、数据的处理与分析、调查报告几个方面进行考虑。项目组继续进行第二次会议，研究策划调研方案。

项目经理：下面我们需要围绕调研主题设计项目的调研方案。大家认为我们都需要收集哪些资料？在哪些城市开展调查？调查哪些企业和消费者呢？

调查员：全国关于休闲服装生产与销售行业的经营情况的资料必须收集。

项目经理：是的。这些资料可以让服饰公司给我们提供一些，也可以通过网络检索一些。

调查员：经理，服饰公司能给我们提供各地的零售商和代理商名册和联系方式吗?

项目经理：公司已经给我们了。

调查员：太好了，这样我们就可以很方便地找到他们，了解情况，收集资料。

项目经理：顾客的需求、消费者的情况是调研资料的主要部分，所以我们还需要抽查一些消费者和销售商。

调查员：经理，这家公司的经营范围比较广，我们找哪些地方的经营者和消费者调查呢?

项目经理：考虑这次项目的经费，时间也比较紧，我们就以公司所在城市为主要调查地，另外考虑南方的 6 ~ 7 座城市。

调查员：为什么只调查南方的城市呢?

项目经理：这家公司经营的服饰主要销往南方城市。

项目组成员商议后，形成以下共识。

1．信息资料及来源界定

围绕项目主题，调查组认为需要收集下列资料：第一，同类企业（竞争对手）的相关资料、休闲服装市场的背景资料。这些资料主要通过互联网、委托企业获得。第二，零售商与代理商的经营情况资料。这些资料在委托方提供名录后，通过有针对性的实地调查获得。第三，消费者的信息资料。这些资料要调查人员选定调查的个体对象后获取。

2．调研的范围界定

由于服装公司的服装销售渠道是本地及国内其他城市的商场专柜、专卖店，消费者为成年的男性，竞争对手为国内同类的生产厂家。项目组成员经过讨论后确定广东省的两座城市广州、深圳，省外的海口、福州、上海、杭州、成都五座城市作为调研地，并且以这些城市的商业中心为焦点，同时考虑一些中、高档生活小区。

3．调研单位界定

调查对象是调查的范围及需要调查的现象的总体，范围确定后，项目组确定所要调查的单位为：第一，零售商——商场的零售专柜经营者。第二，代理商——专卖店经营者。第三，消费者——成年的男性。

三、确定资料收集的方法

调查员：我们已经确定了调研的对象，下面需要商量什么呢?

项目经理：商量一下收集资料的方法，大家考虑面对零售商、代理商、消费者三类对象，我们该采取什么方法收集调查资料。

调查员：消费者调查肯定要设计问卷，通过访谈了解情况。零售商和代理商怎么办？

项目经理：我考虑事先拟定一个提纲，实地访谈和考察比较好。因为零售商与代理商不仅可以为我们提供经营业绩性的资料，还可以为我们提供竞争对手、消费者情况的资料，问卷调查很难完全获取想要的信息。

调查员：还需要收集其他资料吗？

项目经理：我们可以通过网络、文献等获取一些背景资料，也可以让服饰公司再提供一些竞争对手资料、宏观竞争市场资料。

根据所确定的资料来源和调研对象，考虑调研工作的人力状况与财力预算，根据不同的对象与资料类型，项目组设定本次调研的资料收集采取多种形式进行。

1. 文献法收集行业背景资料

通过检索同类企业的经营资料、相关网站与媒体提供的信息资料等，获取对于目前男装休闲市场的竞争状况和特征、竞争对手的市场策略和运作方法等问题的调研资料。这部分属于二手资料，所检索的企业、资料等以随机方式确定。

2. 访谈法、观察法获取零售商、代理商的资料

对于调查城市的零售商、代理商进行普查，通过访谈、实地考察收集原始资料。

3. 问卷法获取消费者的信息资料

便利抽样保证了样本的广泛性，配额抽样保证了样本的代表性，采用便利抽样和配额抽样的方法得到调查样本对象，然后发放调查问卷收集原始资料。

四、策划调查问卷及调研提纲的内容

项目经理：现在，我们再商议一下问卷及访谈提纲问哪些问题。

调查员：消费者调查可以从职业、爱好、喜好的品牌几个方面来考虑，设计调查问卷。

零售商、代理商的调查呢？零售商和代理商访谈，要考虑销售业绩、顾客情况、其他休闲品牌经营者情况等。

1. 调查问卷的内容设计

问卷设计的质量对调查结果会产生至关重要的影响，问卷提供了标准化和统一化的数据收集程序，它使问题的用语和提问的程序标准化。针对调研主题与方法，项目组认为必须设计面向消费者个体的调研问卷。

（1）问卷结构要包括说明部分、甄别部分、主体部分、个人资料部分、访问员记录、被访者记录。

（2）问卷形式采取开放性和封闭性相结合的方式。

（3）问卷按照被调查者思考问题和对产品了解的程度来设计。

（4）主要问题的构想，消费者所在单位及职业、对于休闲服饰的着装偏好、曾经购买休闲服饰的情况、最近购买意愿、对于休闲服饰品牌的认知等。

2. **零售商与代理商的访谈提纲**

访谈的内容应当围绕以下几个方面的问题设定。

（1）所销售或代理的服装的经营情况。包括销售额、利润、进货周期、畅销款式等。

（2）消费对象（顾客）的信息资料。包括顾客的年龄、职业、款式偏好、价位承受力，回头客的多少，淡季与旺季，新款服饰的销售情况，等等。

（3）竞争对手的信息资料。包括同类品牌休闲服饰的销售情况与业绩等。

五、研究资料处理技术

项目经理：数据处理分析是调查的收获阶段，数据处理与分析技术的高低直接影响着调研的质量。现在，我们再商议一下调查资料的处理方式。

调查员：经理，资料收集上来后，我们是不是要安排专人先审核一下，剔除无效的、不合格的问卷，确定资料的可靠性？

项目经理：当然需要安排专人负责资料的审核整理，并且编码录入。最后要做统计分析。

调查员：我知道，利用 Excel 做统计图表，再做回归分析就行了。

项目经理：这还不行，因为需要了解各类消费者的消费特征、竞争情况等，还要加上聚类、因子、SWOT 分析。

项目组经过认真分析与讨论，计划按照以下方式分类处理与分析信息资料。

1. **关于数据信息录入的技术**

对于回收的问卷，项目组责成专人负责，在统一审核基础上，首先要剔除无效的问卷，之后对问卷进行统一的编码，即将问卷中的开放题或半开放题的答案用标准代码表达出来，便于计算机统计。为了确保原始码表趋于完善，应当选择不同地区、不同层次的问卷分别编制。对于可能出现的新码，通过在原始码表上留有补充余地，从而便于灵活加码。数据录入利用 Excel 工作簿完成。

2. **关于数据信息分析技术**

（1）可以使用专业的市场调研软件 SPSS 对问卷进行数据分析，也可以使用 Excel 软件的统计分析功能进行数据分析。

（2）数据分析的方法：对于调研问题采用聚类分析（cluster Analysis）、因子分析

（factor analysis）、相关分析（correlation analysis）、SWOT 分析方法进行。

3．**商议调研项目的组织安排**

调查员：经理，就我们几个人完成全部项目调研工作吗?

项目经理：当然不是。大家将被派往各调查城市，负责督察样本资料的收集。在每个城市，你们可以到当地高校召集一些经管类专业的大学生做我们的访谈员。

调查员：谁来培训他们呢?

项目经理：我会做出统一的招聘规定，并做好培训资料发给大家，大家按要求做就可以了。

调查员：聘用人员的费用支出标准怎么定呢?

项目经理：各个城市可以执行不同的标准，大家可以参照当地的工资水平确定标准后上报审批。

项目经理提出了下面的安排意见。

（1）地区间通过互联网保持联系，每个调查城市派一名公司督导，各城市聘一名全职、熟练的专业人员来完成调研实施管理工作。

（2）人员招聘渠道由项目组与当地高校联系，以招聘在校大学生为访问员和兼职助理督导为主。主要为女性，有经验者优先录用。

（3）人员培训要统一制作培训资料，内容应当涉及职业道德、访谈技术、项目内容介绍、模拟演练等。

（4）按照委托方的时间要求在 30 天内完成调研及分析工作。

（5）经费预算由项目经理与公司商议确定。

六、情境对话

项目方案策划基本完成，会议结束前，项目组成员话题如下。

调查员：请问项目经理，承接一个市场调研项目之后，进行项目的整体策划，通常需要考虑哪些问题？按照什么步骤进行呢？

项目经理：我们做的关于休闲服装市场的调研项目策划，代表了一般的工作思路。规划设计一个调研方案，应当围绕调研项目的基本要求主要确定调研目标、资料收集的类型及方法、调研的范围与对象、问卷设计、资料的处理方法、组织安排计划等。可以参照下面的步骤进行。

1．**确定调查目的**

调查者需要在分析调研问题与企业和所属行业相关的各种历史资料和发展趋势（包括销售额、市场份额、盈利性、技术、人口统计、生活方式等）的基础上，掌握企业的各种资源和面临的制约要素，分析决策者的目标，通过与决策者讨论、会见专家、分析有关的第二手资料、开展定性调查等，确定市场调研与预测问题及目标。

2．确定调查对象和调查单位

调查对象是依据调查的任务和目的而确定的调查范围内需要调查的现象总体，而调查单位是相应的个体，这些是必须确定的。

3．确定调查内容和调查表

这可以达到解决如何把已经确定了的调查课题进行概念化和具体化，解决调查内容如何转化为调查表的问题。

4．确定调查方式和方法

根据调研项目所要解决的问题和所要实现的目标，考虑获取信息资料的成本，确定需要哪些信息资料，然后逐项考虑其可能的来源，结合调研与预测队伍的状况和预算，确定资料收集的方法。

5．调查项目预算

根据调研工作量的大小，确定工作对调研人员的要求及需求规模，设定调研需要的必备物资，充分考虑到各项可能的开支因素，尽可能确切地估算可能需要的经费总额。

6．数据分析方案

预先对资料的处理与分析进行设计，形成资料处理的计划，其中应包括确定资料处理的基本目标和要求、数据资料的处理技术、使用的分析软件、数据资料的处理结果及形式等。

7．其他内容

包括确定调查时间，安排调查进度，确定提交报告的方式，调查人员的选择、培训和组织，等等。其中，调查时间规划必须在保证满足项目完工的日程要求的前提下，充分考虑各项工作的逻辑顺序、各项工作的难易程度、调研与预测力量的使用可能等因素，考虑到意外情况的出现，留有充分的时间余地，进行精心设计。

调查员：市场调研项目策划是对调研工作的整体构想，怎样才能保证策划的科学性、可行性；应该把握的关键问题在哪里？

项目经理：市场调研目标的实现，最关键的因素是准确把握决策者需要了解的问题及信息资料，这需要调研人员与决策者（或委托方）在充分沟通的基础上进行大量的前期资料查询，有时还需要进行一些前期的调研，才能较好地把握。另外，周密策划调研的对象与内容，才能确保收集的信息资料是必需的、正确的。

第三节 撰写市场调研项目规划书

项目组在策划好调研项目的实施方案后，需要撰写一份市场调研项目规划书，也可以称作市场调研项目策划书，或市场调研项目计划书，这里将给出休闲服装市场调研项目规划书，并就规划书的制作技术进行分析讨论。

一、某休闲服装市场调研项目规划书概要

做好项目方案策划之后，项目组长要撰写项目规划书，还安排了一名调查员协助完成。

调查员：我们已经策划做实施方案了，大家也都知道怎么做了，为什么还要撰写市场调研项目规划书呢?

项目经理：服饰公司提出要求，在开始调查之前，我们要递交一份市场调研项目规划书。规划书经公司认可后，我们双方是要签订协议的。

调查员：我明白了，市场调研项目规划书相当于承担者与委托方之间的一种协议。

项目组长：不仅这样，市场调研项目规划书编制过程也是我们加深对调研项目理解的过程，市场调研项目规划书可以帮助和指导我们开展调研工作，使调研工作处于可控制中。

项目组长在调查员的协助下，完成了市场调研项目规划书的撰写，概要如下。

1．前言

调研公司通过多次与服饰公司沟通，就休闲服装市场调查达成了共识。目前我国休闲服装市场品牌众多，市场竞争激烈，另外，整个市场又存在以下问题：第一，品牌定位不清晰；第二，产品款式同质化现象严重；第三，产品板型差距大；第四，市场推广手法雷同；等等。服饰公司能否对目前的市场环境有一个清晰的认识，能否在目前的市场竞争状态下找到市场空间和出路，取决于正确的市场定位和市场策略，只有对市场进行深入的了解与分析，才能确定如何进行产品定位，制定价格策略、渠道策略、促销策略，使产品成功介入市场。在本次调查中，调研公司将集中优势资源，严格把控调研质量，科学实施调研流程，确保调研的顺利完成。

2．调研目的

（1）通过市场调研，为 ×× 品牌寻找新的市场空间和出路。

（2）通过市场调研，了解目前男装休闲市场的竞争状况和特征。

（3）通过市场调研，了解竞争对手的市场策略和运作方法。

（4）通过市场调研，了解男装休闲市场的渠道模式和渠道结构。

（5）通过市场调研，了解消费者对男装休闲市场的消费习惯和偏好。

（6）通过市场调研，了解男装休闲市场的品牌“三度”竞争。

（7）通过市场调研，了解消费者对男装休闲产品的认知和看法等。

总之，本次调研最根本的目的是真实地反映休闲服装市场的竞争状况，为 ×× 品牌的定位及决策提供科学的依据。

3．调研内容

（1）宏观市场调研

1）休闲服装市场的动态及市场格局。

2）休闲服装细分市场的竞争特点和主要竞争手法。

3）休闲服装细分市场的发展和市场空间。

4）休闲服装细分产品的流行趋势研究。

5）休闲服装细分市场知名品牌的优劣势分析。

6）主要休闲服装企业的分析和研究等。

（2）代理商调研

1）代理商对新兴市场的一些看法。

2）代理商对不同风格休闲品牌的看法。

3）代理商对市场空间和产品机会的看法。

4）代理商对新品牌的市场定位的建议。

5）代理商的市场运作手段和方法。

6）代理商对产品、价格、款式、种类的需求。

7）代理商对厂家合作的建议和要求。

8）代理商对产品组合、市场推广的建议。

9）代理商目前的市场运作状态与潜在需求之间的差异。

（3）零售商调研

1）零售商对不同品牌休闲风格的看法。

2）零售商对当地休闲服装市场的看法。

3）零售商对产品、价格、款式、种类等的需求及与现有状态间的差距。

4）不同零售点的产品组合差异性。

5）当地零售市场的主要竞争手段。

6）该店销售得好的款式及其原因分析。

7）该店产品的价格组合方式等。

（4）消费者研究产品调研

1）消费者对目前休闲服装产品的评价。

2）消费者对产品质地的偏好趋势。

3）消费者对休闲服装风格的偏好趋势。

4）消费者对休闲服装款式的偏好趋势。

5）消费者对产品组合的要求。

6）消费者对产品色彩的趋势与偏好。

7）消费者对产品图案的选择和爱好。

（5）消费者对休闲服装产品的潜在需求与休闲服装现状的差距等购买行为调研

1）消费者购买什么类型的休闲服装（what）。

2）消费者为何购买（why）。

3）消费者何时购买（when）。

4）消费者何处购买（where）。

5）消费者由谁购买（who）。

（6）消费者如何购买（how）影响因素调研

1）卖场氛围对消费者购买的影响程度。

2）影响消费者购买考虑的最主要因素。

3）品牌对消费者购买的影响程度。

4）风格对消费者购买的影响程度。

（7）价格对消费者购买的影响程度等品牌调研

1）休闲服装品牌知名度测试。

2）休闲服装品牌认知度测试。

3）休闲服装品牌满意度测试。

（8）×× 品牌联想测试等广告信息调研

1）消费者获取信息的主要渠道。

2）消费者获取休闲服装信息的主要渠道。

3）目前休闲服装信息的主要传播点等。

4）媒介接受对称性分析等竞争对手调研。

5）消费者对竞争对手风格的认知。

6）消费者对竞争对手产品的了解程度。

7）消费者对竞争对手价格的接受程度。

（9）消费者对竞争对手利益点的接受程度等样本的构成调研

1）抽样样本的年龄构成。

2）抽样样本的职业构成。

3）抽样样本的文化程度构成。

4）抽样样本的家庭收入构成。

5）抽样样本的性别构成等。

4．问卷设计思路

（1）问卷结构主要分为说明部分、甄别部分、主体部分、个人资料部分；另外，问卷还包括访问员记录、被访者记录等。

（2）问卷形式采取开放性和封闭性相结合的方式。

（3）问卷逻辑采取思路连续法，既按照被调查者思考问题和对产品了解的程度来设计，在一些问题上，采取跳问等方式来实行消费者的逻辑思维。

（4）主要问题的构想：消费者单位与职业、过去购买的休闲服装风格、最近购买的休闲服装品牌等。

5．调研区域

以下区域作为调研的主要区域：广东省为广州与深圳两座城市；省外区为海口、福州、上海、杭州、成都五座城市。

调研区域点的分布原则上以当地的商业中心为焦点，同时考虑一些中、高档生活小区；各个区域要求覆盖以下各个调研点，以保证样本分布的均匀性和代表性。（具体地点由督导到当地了解后决定）

（1）商业中心区域。

（2）代理商经销点。

（3）大型商场休闲柜组。

（4）休闲服装专卖店。

6．调研方法与样本量设计

（1）消费者抽样方法：采用便利抽样和配额抽样的方法。本次调研在各个城市中采取在街头或商业场所向过往或停留的消费者做休闲服装市场的产品测试；从总体样本中按照年龄层作为标志把总体样本分为若干类组，实施配额抽样。

（2）经销商、零售商调研方法：本次调研的深度访谈由调研公司有经验的调研人员按照调研提纲来了解相关信息，通过在商业场所观察不同品牌的销售情况和消费者的购买情况，获得市场信息。

（3）文献法：用于内部资料整理、文案研究等。每个区域的样本量在300～500例。（规划书中含样本量分配）

7．分析方法

对问卷进行统一的编码、数据录入工作。编码由编码员对已完成的问卷建立答案标准代码表（简称码表），今后进行问卷编码；选择不同地区、不同层次的访问来建码表。数据录入电子表格中，并对数据进行计算机逻辑查错、数据核对等检查。用SPSS

或 Excel 软件对问卷进行数据分析。聚类分析法分析被访者人口背景、消费习惯、生活方式、个性等；因子分析法分析影响消费者购买的原因、品牌差异性等影响；相关分析法分析影响消费者消费、评价品牌、产品与品牌、产品特性之间的内在关系；SWOT 分析品牌的内在环境和外在环境，从而明确优势和劣势，认清市场机会和威胁，对于策略性决定有很大的指导作用。

8. 组织安排和预算

（1）机构安排及职责：设置项目负责人一名，负责项目的规划实施全过程，并对委托方负责；项目实施督导人员七名，在负责人的领导下组织开展调研工作，负责对调查员培训、督导问卷访谈、进行数据资料的整理分析、承担调研报告的撰写任务等；聘用调查人员 70 名，接受培训后，按要求完成问卷访谈工作。

（2）调查员的选拔与培训安排：从某高校三年级学生中选择经济类专业 70 名学生，要求仪表端正，举止得体，懂得一定的市场调研知识，具有较好的调研能力，具有认真负责的工作精神及职业热情，具有把握谈话气氛的能力。培训内容主要是休闲服饰个体调查问卷访谈要求及技术。

（3）经费预算：包括策划费、交通费、调查人员培训费、公关费、访谈费、问卷调查礼品费、统计费、报告费等，具体金额等略。

9. 附件

附件包括了聘用调查员承诺书、调查问卷、调查问卷复核表、访谈提纲、质量控制办法等，具体内容略。

二、市场调研项目规划书撰写技术

调查员协助项目经理完成项目规划书之后，非常想了解撰写市场调研项目规划书的一些技巧，希望自己今后也能够独立完成项目规划书的写作。于是，他请求项目经理介绍一些规划书撰写的技巧和注意的事项。

调查员：经理，市场调研项目规划书都要包括以上九项内容吗？

项目经理：基本上是这样，有时也允许灵活整合。不管怎样划分标题，这些内容通常都要包括进来，有的规划书详细一些，有的可能简单一些。这需要考虑委托方的意愿。

调查员：您能就我们完成的规划书具体讲一下吗？

项目经理：在规划书中，调查目的的陈述有时可以在前言中表达；研究范围与方法需要明确说明，但也可以合并为一部分陈述。

调查员：调研项目的时间分配有什么经验可以借鉴吗？

项目经理：有，你可以阅读一下给出的专门资料，方案策划及规划书的设计约占到 25%。

1. **市场调研项目规划书的一般格式**

上面提供的项目规划书实例基本反映了一般的市场调研项目规划书的格式，一个完整的市场调研项目规划书通常包括以下八项内容。

（1）概要或前言。它概述规划书要点，提供项目概况。

（2）背景。它描述和市场调研问题相关的背景。

（3）调研的目的和意义。它描述调研项目要达到的目标、调研项目完成产生的现实意义等。

（4）调研的内容和范围。给出调研采集的信息资料的内容、调研对象范围的设定。

（5）调研采用的方式和方法。给出收集资料的类别与方式，调研采用的方法，问卷的类型、时间长度、平均会见时间等，实施问卷的方法等。

（6）资料分析及结果提供形式。它包括资料分析的方法、分析结果的表达形式、是否有阶段性成果的报告、最终报告的形式等。

（7）调研进度安排和有关经费开支预算。

（8）附件。包括设计的问卷、调查表等。

2. **市场调研项目规划书的撰写技巧**

（1）调研目标的陈述。这项内容实际上就是研究项目与主题确定后的简洁表述，在此部分可以适当交代研究的来龙去脉，说明方案的局限性以及需要与委托方协商的内容。有时这部分内容也放在前言部分。

（2）研究范围。为了确保调查范围与对象的准确、易于查找，在撰写规划书时，研究范围一定要陈述具体明确，界定准确，能够运用定量的指标来表述的一定要定量化，要说明调查的地域、调查的对象，解决“在何处”“是何人”的问题。

（3）研究方法。为了顺利地完成市场调研任务，要对策划的调研方法进行精练准确的陈述，解决“以何种方法”进行调查，由此取得什么资料的问题。在具体撰写中，对被调查者的数量、调查频率（即是一次性调查，还是在一段时间内跟踪调查）、调查的具体方法、样本选取的方法等要进行详细的规定。

（4）研究时间安排。在实践中，各阶段所占研究时间比重可以酌情分配与安排。

（5）经费预算。一般市场调研经费大致包括资料费、专家访谈顾问费、专家访谈场地费、交通费、调研费、报告制作费、统计费、杂费、税费和管理费等。比重较大的几项费用为交通费、调研费、报告制作费、统计费，依调研的性质不同而有一定的差异。目前，为保证问卷的回收量及其他调研类型被调查者的配合度，往往还要支付一定的礼品费，不过礼品的发放不能造成被调查者改变自己的态度，不能影响调研结果的可信度。

（6）研究人员预算。研究人员预算要陈述清楚不同类型研究人员的配比问题，主要需要市场分析、财务分析、访谈人员等专业人士，可以根据具体的项目适当调配各类人员的配合关系。

3．撰写市场调研项目规划书需要注意的问题

（1）重视规划书的制作。一份完整的市场调研项目规划书，上述内容均应涉及，不能有遗漏。而且，规划书的制订必须建立在对调研项目背景的深刻认识上，尽量做到科学性与经济性的结合。格式可以灵活，但规划书一般应由项目负责人来完成。

（2）进行方案的可行性研究。规划书制作好之后，应当从逻辑的层面对方案进行把关，考察其是否符合逻辑和情理；通过组织一些具有丰富市场调研经验的人士，对设计出来的市场调研方案进行初步研究和判断，说明方案的合理性和可行性；通过在小范围内选择部分单位进行试点调研，对方案进行实地检验，说明方案实施的可行性方式。

（3）对调研方案进行总体评价。一般情况下，对项目规划书从四个方面进行评价，即是否体现调研目的和要求、是否具有可操作性、是否科学和完整、是否具有调研质量高的效果。

三、市场调研项目规划书的提交

规划书制作好以后，项目经理将市场调研项目规划书提交给服饰公司审阅。双方就有关问题进行了一些探讨。

委托方：我认真研读了市场调研项目规划书，规划书内容比较完整，达到了我们的要求。但是，一些技术性问题需要咨询交流一下。可以吗？

项目经理：非常愿意回答您的问题，希望我的回答能使您满意，消除您和贵公司的疑虑。

委托方：在调研项目的实施中，有大量的问卷调查资料需要依靠聘用的调查员实地访谈收集，您采取什么措施保证它的真实可靠性呢？

项目经理：您可以看到规划书中特别强调了选择访谈员的标准与培训的计划，我们已经考虑到访谈员收集原始资料的重要性，这项工作的质量对整个调研的成败有很大影响，因此，专门制订了对访谈员的培训计划，您阅读一下附件中提供的招聘与培训计划资料，可以看到非常强调必要的调研知识、访问应变的能力培训与检测，规定了书面训练和口头训练形式和内容。

委托方：你们关于市场背景的调研资料就是规划书中用到的内容吗？在调研阶段，还需要继续收集这方面的资料吗？

项目经理：我们现在收集的资料多数是了解项目宏观背景的资料，基本上通过文献检索、贵公司提供的历史资料的查询获得。调查工作开始后，重点是收集原始资料，问卷访谈的比较多，但是，仍然需要收集一些涉及现状、背景的资料进行充实，而且会通过访谈资料提炼一些信息。

委托方：在您的带领下，您的团队开展市场调研工作，把握的主要原则是什么？

项目经理：我想应当遵循科学性与客观性，要求调研人员自始至终保持客观的态度去寻求反映事物真实状态的准确信息，去正视事实，接受调查的结果。不允许带有任何个人主观的意愿或偏见，也不应受任何人或管理部门的影响或“压力”去从事调研活动。调研人员的座右铭应该是：“寻找事物的本来面目，说出事物的本来面目。”

委托方：关于市场调研项目规划书的问题已经没有什么问的了，但是，我还想咨询一些别的问题，可以吗？

项目经理：当然可以，我会尽可能地为您服务。

委托方：我们这次委托您和您的团队进行市场调研，我相信肯定会给公司新产品的推出有非常大的帮助。但我想知道，如果不进行这项调研工作，直接进行营销公关活动会产生什么问题呢？

项目经理：我举个例子来说明。A 企业的业务员小张通过别人介绍认识了某地的准客户谢某，便亲自上门拜访。初次见面，他将 A 企业的简介、产品、政策向客户做了详细介绍，但谢某听后淡淡地说：“你们的企业和产品不错，不过另一个企业的产品价格比你们低，所以你的产品我无法销售。再加上市场前景无法预测，我们还是有机会再合作吧。”小张无功而返。A 企业另一位经验丰富的业务员小李，他先侧面对谢某公司做了全面了解，然后就开始在市场上进行详细调研，形成了一份完备的方案。拿着这份方案去拜访谢某，从谢某所在市场的基本情况，如人口数量、市场规模、消费水平、市场结构等，到竞争企业产品情况，如价格、政策、主要销售区域、存在的问题以及销量分析等，再到阐述 A 企业和产品的定位，以及与竞争企业产品相比的优劣势所在等，最终达成了谢某与 A 企业合作。

同样的企业，同样的产品与资源，同样的开发对象，小张的客户开发为什么会失败？原因就在于他只是就产品而推产品，就企业而推企业，这样没有新意的客户开发形式难免会遭到客户拒绝。而小李之所以能够开发成功，就在于他前期做了充足的准备工作，通过市场调研向客户提供了一套行之有效的、完整的市场推广方案。客户看到这么有吸引力和可操作性的方案，不心动才怪！

委托方：开展调研工作确实有用，知彼知己，才能百战不殆。您能给我介绍一下选择市场调研专业机构的渠道吗？

项目经理：可以。这些资料您可以从同业行会、协会出版物和其他销售研究部门获得。另外，其他主要的来源渠道有：第一，全国性的工商管理机构和工商业咨询协会以及它们的出版物、企业名录等；第二，各驻外使馆的商务处，这是寻找境外调研代理机构的常用渠道；第三，诸如国际贸易促进会之类的国际性机构和组织；第四，广告代理公司；第五，市场所在地的进口商、批发商和经销商。

委托方：再请教您一个问题，选择专业的调研机构应当注意哪些问题呢？

项目经理：首先，要关注它们经营的业务范围，因为各个调研与预测的主体在所承办的调研类型方面、所能提供的服务性质方面都不相同，有些机构专门从事某些产业部门范围内的调研，有些机构则专门从事消费者、广告动机等方面的调研，在各个方面都很擅长的机构是很少的。其次，您可以让这些机构提供反映调研代理机构的声誉、业务能力和专业人员的水平、资历、营业方式与财力、工作设施状况等资料，供您进行考察。您还可以请拟选调研公司提供调研建议书，用以进一步考证项目适应性。

委托方：您认为怎样才是一个好的市场调研工作者呢?

项目经理：我引用几个企业主管人员的实际感言来说明这一问题。第一，某公司市场总监，他说："我手下原先有个业务员，人很勤快，也很聪明，就是没有什么工作经验，虽然经过培训，但好像效果不大。后来我自己拜访客户时就把他带上，让他跟我一起跑市场。我写市场调研方案时也会让他出主意，说说想法。这样几次下来，他很快就上道了。现在他已经成为我手下最得力的一名干将。"第二，某企业区域经理，他说："对于缺乏实际操作经验的业务人员，单纯的培训和模拟演练很难让他们感同身受，这就需要管理者跟随他们一起做市场调查、做推广方案、拜访客户。所谓师父带徒弟，手把手地带一带，比纯粹地纸上谈兵效果要好很多。对于那些新业务人员，我发现有时说教式的培训效果并不显著。我的方法就是亲自带他跑一跑市场，跟着我一起做市场调研、方案撰写和客户沟通。"

委托方：非常感谢，我们现在可以签署合作协议了。

项目经理：谢谢。我们一定会尽心工作，给您和贵公司提供满意的服务。

第四章　商业市场细分与目标市场营销战略

市场细分是企业开展目标市场营销的前提与基础，是市场营销全过程的首要环节。市场细分有利于企业分析、发掘新的市场机会，细分市场之后要进行目标市场的定位与选择，这是目标市场营销战略的前提，是整合促销的依据，也是树立企业形象的基础，能增强企业的市场竞争能力，从而提高企业的经济效益。本章主要阐述了市场细分、目标市场选择和目标市场定位三个方面。

第一节　市场细分

一、市场细分及其作用

（一）市场细分的概念与原理

1. 市场细分的概念

市场细分的概念是美国市场学家温德尔·史密斯（Wendell R.Smith）于1956年提出来的。它是第二次世界大战结束后，美国众多产品市场由卖方市场转化为买方市场这一新的市场形势下企业营销思想和营销战略的新发展，更是企业贯彻以消费者为中心的现代市场营销观念的必然产物。

市场细分是企业按照消费者在市场需求、购买动机、购买行为和购买能力方面的差异，运用系统方法将整体市场划分为无数个不同的消费者群（子市场），然后选择合适的子市场作为公司服务的目标市场的过程。

市场细分的依据在于客户对产品需求方面存在的差异情况。客户在某类产品规格、特性、价格、包装及质量等诸多方面的需求及欲望存在一定的差异，购买产品的状态也不相同，从而使得细分产品的市场变得可能。市场细分在本质上是对客户进行细分，而非对商品进行细分。企业通过市场的细分来发现客户间在产品需求上的不同，随后将有同样需求的客户当作一个类，从而将整个市场细分为若干个小的市场。其目的就是为了对目标市场进行确定与选择。

2. **市场细分的原理**

作为一种营销思想，市场细分不是由一个或一些人凭空想象出来的，它是人们在长期营销实践过程中的经验总结，市场细分理论的产生，客观上基于以下三个方面的原理。

（1）消费者需求的差异性。消费者由于经济、地理、文化层次、民族习惯等方面的差异，形成了各种各样的偏好、兴趣，对商品的需求是千差万别的。消费者对商品的质地、价格、色彩、款式等要求不同，消费者的需求动机和行为呈现多元化，并且这些需求的差异是绝对的，就像世界上不存在完全相同的两片树叶一样，市场上也绝对没有需求完全相同的消费者。当今买方市场使消费者进入个性化消费的时代，不同的消费者的需求差异应得到企业的尊重。以消费者为中心的营销活动就是建立在对消费者客观差异的识别上，市场细分就使企业做到了这一切。

（2）消费者需求的同质性。消费者的需求差异是绝对的，消费者需求的异质为市场细分提供了可能，然而需求差异不是市场细分的全部依据。在同一地理位置或同一社会大环境、文化风俗和习惯背景等因素下，人们会形成相对类同的价值观、人生观、审美观。正是因为消费者需求在一定程度上的相对同质，市场上的消费者就可以按某一标准划分为不同的群体，从而使市场划分为若干个具有相似消费需求的消费群。正是这种相似才使市场细分变为现实。

在市场细分理论中，依据消费者对产品的同质需求和异质需求，可把市场分为同质市场和异质市场。同质市场是消费者对商品的需求近似相同，如消费者对白糖、大米、火柴的需求差异较小，这类商品有较大的同质性，企业不需要进行市场细分。而大多数商品，它们的销售受多种因素的影响，这部分市场需要细分，而这些需要针对消费者的不同特点进行细分的市场就是异质市场。划分之后，属于同一市场群内的差异就小。

（3）企业有限的资源。现代企业由于受到自身实力的限制，不可能向市场提供能够满足一切需求的产品和服务。为了有效地进行竞争，企业必须进行市场细分，选择最有利可图的目标细分市场，集中企业的资源，制定有效的竞争策略，以取得和增加竞争优势。

（二）市场细分的理论依据

由于消费者的需求、动机、行为呈现多元化，依据产品属性进行研究时，会发现消费者对产品的不同属性呈现不同的偏好，可以分为三种偏好模式。这种偏好差异的存在是市场细分的客观理论依据。

1. **同类偏好**

市场上所有消费者对产品的偏好大致相同。以帽子的式样和质地要求为例，这一类消费者对这两种属性的要求比较集中和一致。面对这种市场，企业必须同时注重产品的这两种属性，并提供类似的商品和服务。

2. 分散偏好

市场上消费者的偏好不集中，类似不明显，消费需求呈现分散状态，例如，对帽子，有的注重式样，有的看重质地，且程度不一样。面对这一市场，企业只推出一种或者两种产品，无论是产品注重一种属性还是兼顾两种属性都很难满足全体消费者，企业应该生产多种产品，提供多种服务来满足这个分散型市场的需求。但对企业来讲，这种市场的经营难度是较大的。

3. 集群偏好

市场上消费者的偏好呈现群组状分布。各消费者群体之间的爱好有明显差异，但同一群体内消费者偏好差别较小。针对这类市场，企业应认真研究各群体市场，结合自己的生产能力分别生产出受群体喜爱的商品来满足各偏好集群市场，或选择某一集群作为目标消费者来集中满足他们。

（三）市场细分的作用

市场细分被誉为市场营销上的一次革命，它对企业营销具有以下作用。

1. 有利于发现市场机会

通过市场细分，企业可以对每一个细分市场的购买潜力、满足程度、竞争情况等进行分析对比，从而能发现表面上的“买方市场”中，实际存在许多未被真正满足的需求，这些未被满足的需求就是利于本企业的市场机会。根据这些市场机会，企业应该及时做出投产、异地销售决策，或根据本企业的生产技术条件编制新产品开拓计划，进行必要的产品技术储备，掌握产品更新换代的主动权，开拓新市场，以更好地适应市场的需要。可以说，谁最先发现了这些机会，谁就取得了成功的前提。

2. 有利于掌握市场的特点

通过市场细分，企业对市场上消费者的消费特点有了深入的了解，这对企业的产品设计、服务要求的制定、营销战略的规划都有了明确和主要的指导依据。通过市场细分，企业可以准确地掌握目标市场的特点，综合考虑不同情况，制定产品、价格、渠道和促销方案，并根据市场动态及时调整以适应不同的需求。

3. 有利于制定有针对性的市场营销组合策略

市场营销组合是企业综合考虑产品、价格、促销、分销等各要素而制订的营销方案。没有具体的目标市场，这些方案的制订将是空泛的、不成功的。只有通过认真的市场细分，才能确定好自己可进入的目标市场，并制定出针对性极强的组合策略，才是取得成功的真正保证。

市场细分后的子市场比较具体，比较容易了解消费者的需求，企业可以根据自己的经营思想、方针及生产技术和营销力量，确定自己的服务对象，即目标市场。针对较小的目标市场，便于制定特殊的营销策略。同时，在细分市场上，信息容易了解和反馈，一旦消费者的需求发生变化，企业可迅速改变营销策略，制定相应的对策，以适应市场需求的变化，提高企业的应变能力和竞争力。

联想的产品细分策略正是基于产品的明确区分，联想打破了传统的“一揽子”促销方案，围绕“锋行”“天骄”“家悦”三个品牌面向不同的用户群需求，推出不同的“细分”促销方案。选择“锋行”的用户，可以优惠购买“数据特区”双启动魔盘、性格鲜明的打印机以及“新歌任我选”MP3 播放器；选择“天骄”的用户，可优惠购买让数据随身移动的魔盘、可精彩打印数码照片的 3110 打印机、SOHO 好伴侣的 M700 多功能机，以及让人尽享数码音乐的 MP3；钟情于“家悦”的用户，则可以优惠购买“电子小书包”魔盘、完成学习打印的打印机、名师导学的网校卡，以及成就计算机高手的 XP 计算机教程。

4．**有利于提高企业的竞争能力**

企业有强弱之分，优秀的企业家讲究扬长避短。通过市场细分可摸清竞争对手的优势和劣势所在，这样就有发挥自己优势的机会，进而找到利用竞争对手的弱点取得优势的良策。通过市场细分，企业可以把有限的人力、财力资源集中在目标市场上，扬长避短，有的放矢地进行管理，有效开发资源，提高市场占有量，最终提升企业的利润率和竞争水平。企业通过市场细分后，可以面对自己的目标市场生产出适销对路的产品，既能满足市场需求，又能增加企业的收入；产品适销对路可以加速商品流转，加大生产批量，降低企业的生产销售成本，提高生产工人的劳动熟练程度，提高产品质量，全面提高企业的经济效益。

二、市场细分的标准

不同类型的市场细分的因素有所不同。为了方便研究和实际操作的需要，市场营销工作者根据消费者的购买行为和企业市场经营的实际状况，按照个体消费者市场和团体消费者市场的不同特点，总结出以下市场细分的标准。

（一）个体消费者市场细分的标准

个体消费者市场细分的标准实际上就是消费者所具有的明显特征和造成消费需求特征多样化的那些因素，它们几乎都被视为市场细分依据的标准。一般认为市场细分的主要依据是人口因素、地理因素、心理因素和行为因素。

1. **人口因素**

人口因素包括性别、年龄、收入、家庭生活周期、宗教信仰、教育程度、种族、国籍等，依据这些因素将市场划分为不同的群体。

（1）按性别细分，可分为女性市场、男性市场。欧莱雅产品分为女性彩妆护肤品和男士护肤用品，巴黎欧莱雅于2004年在法国推出男士专业护肤系列，有男士控油系列、劲能系列、抗皱系列。

（2）按年龄细分，消费者的消费欲望和能力会因年龄不同而不同。我们可根据年龄结构把消费市场分为婴儿市场、儿童市场、少年市场、青年人市场、中年人市场和老年人市场。例如，欧莱雅产品按年龄细分出来：第一品牌的赫莲娜，面对的消费群体年龄相对偏高，并具有很强的消费能力；第二品牌是兰蔻，它是全球最著名的高端化妆品牌之一，消费者年龄比赫莲娜年轻一些，也具有相当的消费能力；第三品牌是碧欧泉，它面对的是具有一定消费能力的年轻时尚消费者，欧莱雅公司希望将其塑造成大众消费者进入高端化妆品的敲门砖，价格也比赫莲娜和兰蔻低一些。

（3）按收入细分，整个市场可以细分为高收入市场、中等收入市场、低收入市场。欧莱雅目前的品牌主要分为高端、中端、低端三个部分。高端产品主要有赫莲娜、兰蔻、碧欧泉等品牌，其面向的消费群体都是具有高收入的人群，要求购买者有较强的消费能力，而且投放的市场都是经济发达的大城市，中端产品所包含的品牌有两大块：一是美发产品，有卡诗和欧莱雅专业美发，其中，卡诗在染发领域属于高档品牌，比欧莱雅专业美发高一些，它们的销售渠道都是发廊及专业美发店。二是活性健康化妆品，有薇姿和理肤泉两个品牌，它们通过药房经销，这一部分相对来说价格稍低，适合范围更大的消费群体，对消费能力的要求也降低了。低端产品主要包括羽西、美宝莲、卡尼尔、小护士等，这一部分的产品适合大部分的消费者，价格更加大众化，而且销售网点遍布全国各个城市，深入国内二、三级城市，做到了让大众消费者能够消费得起。

2. **地理因素**

地理因素是一个较大的细分变量，按地理方位、气候、地形、城乡、国别等细分条件可把市场分为不同的群体。

按地理方位细分，我国市场可分为东北市场、华北市场、华中市场、华东市场、华南市场、西北市场等。

按气候细分，我国各地处热带、亚热带、中温带、暖温带和寒带。热带地区一年四季温度较高，不用取暖器、热水袋，而地处寒带的地区离开取暖设施是难以想象的，对制冷设备倒没有多大需求。地处中原的华北地区四季分明，冬天的取暖设施、夏天的制冷设施都需配备。

还可按地形、城乡、国别等划出各种不同需求类型的细分市场。

例如，欧莱雅产品根据地区进行了市场细分。欧莱雅认为美的概念在不同国家、不同地区是不同的，所以，它从不试图去推广一种美的模式。在每一个国家，为了反映出各地本土的美、文化和传统的形式，产品都需要互不相同。针对中国内地市场，欧莱雅就曾进行过长达 6 年、非常细致的针对中国女性皮肤的研究。欧莱雅发现，中国女性油性皮肤的比例比其他地区的女性略高一些；同时，中国女性对彩妆大色彩下面的小色调的追求也不一样。欧莱雅根据这些研究成果对在中国投放的产品的配方进行了调整。

然后，按照中国地域广阔的特征，鉴于南北、东西地区气候、习俗、文化等的不同，人们对化妆品的偏好具有明显的差异。如南方气温高，人们一般比较喜欢使用清淡的装饰，因此较倾向于淡妆；而北方由于气候干燥以及文化习俗的缘故，一般都比较喜欢浓妆。同样，东西地区由于经济、观念、气候等的缘故，人们对化妆品也有不同的要求。所以欧莱雅集团敏锐地意识到了这一点，按照地区推出了不同的主打产品。

3．心理因素

根据消费者的消费心理，心理因素包括偏好、生活方式、个性等。

（1）偏好。市场上，消费者对各种品牌的商品的喜爱程度是不同的。对同一种商品，有的消费者对其有特殊的偏好，有的消费者则对其无所谓。因此，企业为了维护和扩大经营，努力寻找忠诚拥护者，并寻找他们的需求特征，掌握他们的需求特征，以便从商品形式、销售方式及广告宣传等方面去满足他们的需求。

（2）生活方式。生活方式是人们生活和花费时间、金钱的模式。生活方式不同的消费者对商品有着不同的需要。企业可根据消费者的不同生活方式划分出各种细分市场。例如，美国某些服装公司把女士细分为成“朴素型”“时髦型”“有男子气质型”三种类型，分别为这三类女性制造不同款式、颜色和质地的服装。而牛仔裤的制造商们为几种特定生活方式的男性消费者设计不同的牛仔裤，如“放纵自我型”“寻找欢乐型”“传统家居者”“积极进取者”“蓝领阶层的户外劳动者”“企业家”等，针对不同类型的人生产不同款式、颜色、质地的牛仔裤，并以不同的价格、传播方式、销售方式促销。

（3）个性。消费者的个性往往影响了他们的购买行为，国内外许多企业的营销人员都已利用个性这个标准来细分市场。一些企业通过广告宣传试图赋予企业生产的产品与某些消费者的个性相似的品牌个性，以迎合消费者的个性，求得目标市场的认同。如 20 世纪 50 年代，美国福特汽车公司和通用汽车公司就曾利用个性特征来推销福特汽车和雪佛兰牌汽车。福特汽车的购买者被认为是独立的、感情容易冲动的、男子汉气概的、雄心勃勃的和善于适应环境的，而雪佛兰车的购买者则被视为保守、节俭、重视声誉及避免极端的。

4．行为因素

行为因素包括购买时机、产品利益、使用者情况、购买阶段和忠诚度等，依据这些因素，可将整个市场细分为不同的群体。

（1）购买时机。根据购买者产生需求、购买或使用的时间机会来帮助企业开拓产品的市场空间。如有些企业开辟节假日产品。除节日外，企业还应寻找产品销售的其他特定时机，企业可以关心人一生的特定事情，研究这时需要的服务，包括上学、大学毕业典礼、参加工作、谈对象、结婚、生孩子、购买房屋、换工作、生病、退休等，这些比较特殊的事件会给企业带来巨大的商机，企业应利用这些时机来提供相应的产品和服务。

（2）产品利益。人们购买商品是为了满足某种需求，商品给消费者带来的就是产品利益，如品质一流、多功能、良好的售后服务、优势感等。不同的消费者可能会有不同的产品利益，这就有了细分市场。如美国曾有人利用产品利益细分法来研究钟表市场，他们发现按此分法，手表购买者可分为三类：第一类人侧重价格低廉的手表，约占人数的 23%；第二类人侧重手表的耐用性及普通质量，约占人数的 46%；第三类人侧重手表公司的品牌声望，约占人数的 31%。当时美国大多数著名钟表公司都把注意力放在第三类人身上，从而制造出豪华昂贵的手表并通过珠宝店销售。唯有 TME 公司选定了第一类人、第二类人作为目标群体，全力推出一种物美价廉的“天美时”牌手表，并通过一般大型综合商店和钟表店出售，取得了极好的效果。

（3）使用者情况。根据消费者从前是否使用过某种产品的经历，可以把他们分为未使用者、使用者、潜在使用者、初次使用者、再次使用者和经常使用者，这也是细分出了不同的子市场。有的公司努力使那些使用竞争者品牌的消费者转向使用本公司的品牌，有的公司则重视将潜在使用者转变为实际使用者。企业在考虑使用情况时，还应注意当时的经济状况，当经济缓慢增长时，公司应把营销重点放在对市场来说是首次使用的人，或那些在生命周期中进入新阶段的人，如第一次做母亲的人、新婚夫妻、刚退休的人。

（4）购买阶段。购买阶段大致包括未知道、知道、有兴趣、已经购买、重复购买等阶段。对未知道者应该着重对产品进行介绍宣传，让其了解产品；对知道者要进行新功能、新式样的宣传，从而引起其购买的兴趣；对有兴趣者要提到购买的具体细节，以及提供一些方便，促使其进行现实购买；对已经购买者可给予某种形式的回报或鼓励，促使其再次购买；对重复购买者给予更多的折扣，促使其不流向其他同类产品。

（5）忠诚度。根据购买者对某一品牌商品的信念，可把购买者分为坚定忠诚者、转移忠诚者和非忠诚者。每一个市场都不同程度地存在这三种类型的消费者，坚定忠诚者人数多、比重大的市场被叫作品牌忠诚市场，其他企业要进入这种市场是非常难的。当企业发现有转移忠诚者（即以前忠诚于本企业产品，但现在忠诚于其他企业产品）时，要分析哪些品牌是本企业产品的竞争者，找出本企业的市场营销工作的不足，采取相应措施改进营销工作。当企业发现非忠诚者大量存在时，就应当提高本企业产品的质量，加强产品宣传来吸引他们，促进销售。

（二）团体消费者市场细分的标准

团体消费者市场细分的标准，在大多方面与个体消费者市场细分的依据相同，如用户所追求的利益、用户情况、对品牌的忠实程度等。但是，由于团体消费者市场有不同的特点，还要考虑其他的细分标准。

美国的波罗玛（Bouoma）和夏皮罗（Shapiro）两位学者提出了一个团体消费者市场的主要细分变量表，如表 4-1 所示，比较系统地列举了细分市场的主要变量，并提出了企业在选择目标消费者时应考虑的主要问题，对细分团体消费者市场具有一定的参考价值。

表 4–1 团体消费者市场的主要细分变量

主要变量	主要考虑的问题
人口变量	行业：我们应把重点放在购买这种产品的哪些行业 组织规模：我们应把重点放在多大规模的组织 地理位置：我们应把重点放在哪些地区
经营变量	技术：我们应把重点放在消费者所重视的哪些技术上 使用者或非使用者情况：我们应把重点放在经常使用者、较少使用者、首次使用者上，还是从未使用者上 消费者能力：我们应把重点放在需要很多服务的消费者上，还是只需少量服务的消费者上
采购方法	采购职能组织：我们应把重点放在那些采购组织高度集中的公司，还是那些采购组织相对分散的公司 权力结构：我们应侧重那些工程技术人员占主导地位的公司，还是财务人员占主导地位的公司 与用户的关系：我们应选择现在与我们有牢固关系的公司，还是追求最理想的公司 总的采购政策：我们应把重点放在乐于采用租赁、服务合同、系统采购的公司，还是采用密封投标等贸易方式的公司 采购标准：我们是选择追求质量的公司、重视服务的公司，还是注重价格的公司
情况因素	紧急：我们是否把重点放在那些要求迅速和突击交货或提供服务的公司 特别用途：我们应将力量集中于本公司产品的某些用途上，还是将力量平均花在各种用途上 订货量：我们应侧重于大宗订货的用户，还是少量订货者
个性特征	购销双方的相似点：我们是否应把重点放在那些人员及其价值观念与本公司相似的公司上。 对待风险的态度：我们应把重点放在敢于冒风险的用户，还是不愿冒风险的用户 忠诚度：我们是否应选择那些对本公司产品非常忠诚的用户

三、市场细分的方法与基本要求

（一）市场细分的方法

任何企业都可以用前面所讲的标准对市场进行细分，但是，由于各个企业经营产品的品种不同，因而选择的标准也不同。这些差别表现在选取依据的内容、选用依据的数量以及选用标准的难易程度上。如家电市场的营销，区别需求差异的因素主要是家庭收入、住房条件等，不受生活方式、社会阶层、地理位置的影响，而日用品市场的营销则受年龄、收入、社会阶层、生活方式、地理位置等的影响，因而运用市场细分方法应结合产品情况，灵活运用以下四种方法。

（1）单一因素法。以某一个因素来对市场进行细分，如按性别来细分手表市场，按用途来细分计算机市场，按品种来细分水果市场。以儿童书籍为例，可针对不同年龄的儿童来设计生产，此时可以把书籍市场分为 0 ~ 3 周岁、3 ~ 6 周岁、6 ~ 12 周岁、12 ~ 18 周岁等四个子市场；如水果市场的细分采用收入因素来划分，把它分为高收入者、中等收入者、低收入者三个群体，即三个细分市场。生产者就可针对其中一个群体来开展市场营销。

（2）主导因素排列法。在进行市场细分时必须考虑多种因素，可以从众多因素中确定主导因素，并与其他因素有机结合来细分市场。就女青年服装市场而言，收入与职业通常是影响消费选择的主导因素，文化程度、婚姻状况、地理位置都居从属地位，因而应以收入、职业作为细分女青年服装市场的主要依据。

（3）综合标准法。运用两个以上的因素，同时从多个角度对整个市场进行细分，如以收入水平、性别、年龄来细分服装市场、化妆品市场、手机市场等。

（4）系列因素法。运用两个以上的因素，依据一定的顺序来逐步细分市场。细分的过程是一个选择市场的过程，下一阶段的细分以上一阶段选定的分市场为基础，以手表的市场为例，需考虑性别、地域、收入、职业四个因素，最后选择的子市场为男性、城市、中年、高收入的老板。

（二）市场细分的基本要求

企业进行市场细分的目的是为了能更好地寻找市场机会，制定相应的营销战略，因而对市场细分后的结果有如下要求。

1. 可测量性

当采用某一细分因素划分市场后，各细分市场的需求差异不仅明显存在，而且是可测量的，各细分市场对企业的营销因素变动所产生的不同反应也是可以测量的。例如，美国戴尔公司在全国市场上的成功就得益于对全国市场的细分和对子市场购买情况的准确量度。

2．可进入性

细分市场的目的是为了确定目标市场，而细分结果如发现企业根本不存在进入这些细分市场所应具备的条件，市场细分就失去了意义。企业细分出来的市场不仅能使企业现有资源得到充分利用，同时也能使消费者需求得到满足。例如，在北方，每个居民区都有睡得很晚的人，但由于这些人占总人数的比例较小，因此，为这些人提供夜宵，尽管是一个好的想法，但在实际中是很难操作的。而在南方，人们晚睡觉是一种生活习惯，因而大排档直到凌晨都在营业。在北方 24 小时营业店不赚钱，但在南方是可行的。

3．可盈利性

对企业规模来说，市场细分后得到的细分市场应有一定的规模，有足够的利润吸引企业在这个市场上经营，值得企业为该市场制定专门的战略、策略和为此投入资源。细分市场的结果是否有效取决于进入这些细分市场的成本与收益的对比结果，收益大于成本，则细分是有效的。由于收益与消费者的需求数量呈正比关系，细分市场需求量大，企业收益就大，否则无意义。假如我国服装企业利用身高进行市场细分，选择专门生产身高 1.80 m 以上女士的服装以此作为企业的目标市场，则这个细分市场就显得太窄，因为在我国身高在 1.80 m 以上的女士极少，这个细分是投入大、产出小的市场，缺乏可盈利性。

4．稳定性

细分市场不但要有一定的市场容量和发展潜力，而且还要有一定程度的稳定性。即细分市场的各因素变化较少，企业占领市场后相当长时期内不需要改变自己的目标市场。目标市场选择的稳定性有利于企业集中力量开拓经营市场、扩大销售量，增加企业盈利，减少企业的经营组合。细分市场的稳定性不仅能为企业带来目前利益，还有较好的发展潜力，能够为企业带来较长远的利益，特别是对于那些要花费大量投资去开发的市场。

第二节　目标市场选择

一、目标市场的定义与评估标准

（一）目标市场的定义

著名的市场营销学者麦卡锡提出了应当把消费者看作一个特定的群体，称为目标市场。通过市场细分，有利于明确目标市场，通过市场营销策略的应用，有利于满足目标市场的需要。即目标市场就是通过市场细分后，企业准备以相应的产品和服务满足其需要的一个或几个子市场。它也是企业打算投其所好、为之服务的那个有相似需要的消费者群体。

（二）目标市场的评估标准

企业在市场细分后，必须对所产生的各个细分市场进行认真评估，以便选择企业要进入的细分市场，即目标市场。在评估各种不同的细分市场时，企业应考虑以下三个方面的标准。

1．有一定的规模和发展潜力

企业进入某一市场是期望能够有利可图，如果市场规模狭小或者趋于萎缩状态，企业进入后难以获得发展，此时，应审慎考虑，不宜轻易进入。当然，企业也不宜以市场吸引力作为唯一取舍，特别是应力求避免“多数谬误”，即与竞争企业遵循同一思维逻辑，将规模最大、吸引力最大的市场作为目标市场。大家共同争夺同一个消费者群的结果是，造成过度竞争和社会资源的无端浪费，同时使消费者的一些本应得到满足的需求遭受冷落和忽视。现在国内很多企业动辄将城市，尤其是大中城市作为其首选市场，而对小城镇和农村市场不屑一顾，很可能就会步入误区，如果转换一下思维角度，一些目前经营尚不理想的企业说不定会出现“柳暗花明”的局面。

2．细分市场结构的吸引力

细分市场可能具备理想的规模和发展特征，然而从盈利的观点来看，它未必有吸引力。迈克尔·波特认为有五种力量决定整个市场或其中任何一个细分市场的长期的内在吸引力。这五个群体是同行业竞争者、新的竞争者、替代产品、购买者和供应商。他们具有如下五种威胁性。

（1）同行业竞争者的威胁。如果某个细分市场已经有了众多的、强大的或者竞争意识强烈的竞争者，那么该细分市场就会失去吸引力。如果出现该细分市场处于稳定或者衰退，生产能力不断大幅度扩大，固定成本过高，撤出市场的壁垒过高，竞争者投资很大，那么情况就会更糟。这些情况常常会导致价格战、广告争夺战，新产品推出，并使公司要参与竞争就必须付出高昂的代价。

（2）新的竞争者的威胁。如果某个细分市场可能会吸引增加新的生产能力和大量资源并争夺市场份额的新的竞争者，那么该细分市场就会没有吸引力。问题的关键是新的竞争者能否轻易地进入这个细分市场。如果新的竞争者进入这个细分市场时遇到森严的壁垒，并且遭受到细分市场内原来的公司的强烈报复，他们便很难进入。保护细分市场的壁垒越低，原来占领细分市场的公司的报复心理越弱，这个细分市场就越缺乏吸引力。某个细分市场的吸引力随其进退难易的程度而有所区别。根据行业利润的观点，最有吸引力的细分市场应该是进入的壁垒高、退出的壁垒低。在这样的细分市场里，新的公司很难打入，但经营不善的公司可以安然撤退。如果细分市场进入和退出的壁垒都高，那里的利润潜量就大，但也往往伴随较大的风险，因为经营不善的公司难以撤退，必须坚持到底。如果细分市场进入和退出的壁垒都较低，公司便可以进退自如，然而获得的报酬虽然稳定，但不高。最坏的情况是进入细分市场的壁垒较低，而退出的壁垒却很高，于是在经济良好时，大家蜂拥而入，但在经济萧条时，却很难退出。其结果是大家都生产能力过剩，收入下降。

（3）替代产品的威胁。如果某个细分市场存在着替代产品或者有潜在替代产品，那么该细分市场就失去了吸引力。替代产品会限制细分市场内价格和利润的增长。公司应密切注意替代产品的价格趋向。如果在这些替代产品行业中技术有所发展，或者竞争日趋激烈，这个细分市场的价格和利润就可能会下降。

（4）购买者讨价还价能力加强的威胁。如果某个细分市场中购买者的讨价还价能力很强或正在加强，该细分市场就没有吸引力。购买者便会设法压低价格，对产品质量和服务提出更高的要求，并且使竞争者互相斗争，所有这些都会使销售商的利润受到损失。如果购买者比较集中或者有组织，或者该产品在购买者的成本中占较大比重，或者产品无法实行差别化，或者消费者的转换成本较低，或者由于购买者的利益较低而对价格敏感，或者消费者能够实行联合，购买者的讨价还价能力就会加强。销售商为了保护自己，可选择议价能力最弱或者转换销售商的能力最弱的购买者。较好的防卫方法是提供消费者无法拒绝的优质产品供应市场。

（5）供应商讨价还价能力加强的威胁。如果公司的供应商、原材料和设备供应商、公用事业、银行、公会等能够提价或者降低产品和服务的质量，或减少供应数量，那么该公司所在的细分市场就会没有吸引力。如果供应商集中或有组织，或者替代产品少，或者供应的产品是重要的投入要素，或转换成本高，或者供应商可以向前实行联合，那么供应商的讨价还价能力就会较强大。因此，与供应商建立良好关系和开拓多种供应渠道才是防御上策。

3. **符合企业目标和能力**

某些细分市场虽然有较大的吸引力，但不能推动企业实现发展目标，甚至分散企业的精力，使之无法完成其主要目标，这样的市场应考虑放弃。另外，还应考虑企业的资源条件是否适合在某一细分市场上经营。只有选择那些企业有条件进入、能充分发挥其资源优势的市场作为目标市场，企业才会立于不败之地。

在现代市场经济条件下，制造商品牌和经销商品牌之间经常展开激烈的竞争，也就是所谓的品牌战。一般来说，制造商品牌和经销商品牌之间的竞争，本质上是制造商与经销商之间实力的较量。在制造商具有良好的市场声誉，拥有较大的市场份额的条件下，应多使用制造商品牌，无力经营自己品牌的经销商只能接受制造商品牌。相反，当经销商品牌在某一市场领域中拥有良好的品牌信誉及庞大的、完善的销售体系时，利用经销商品牌也是有利的。因此进行品牌使用者的决策时，要结合具体情况，充分考虑制造商与经销商的实力对比，以求客观地做出决策。

二、目标市场选择的模式

企业进行市场细分之后，接下来就要考虑决定具体进入到哪一个或哪几个细分市场并为之提供服务，这就是目标市场的选择。

在对不同细分市场评估后，便可以对进入哪些市场并为多少个细分市场服务做出决策。企业在选择目标市场时有以下五种可供考虑的模式。

1. 密集单一市场

密集单一市场模式即企业只选取一个细分市场，只生产一类产品，供应某一单一的消费者群，进行集中营销。单一市场有各种不同的理由使得公司将其全副精力投注于单一市场，例如，为了避免和大竞争者面对面，小公司会在市场中寻求一个利基市场。密集单一市场的优点是优势集中，拥有经由适当的策略改变以快速反应机会及威胁的好处；当尽全力集中于单一市场，尤其是在竞争相当小的市场中，它可能会降低成本，但却维持高价格，因此获取相当高的利润。单一市场的缺点是一旦失败，则全军覆没。因此，采用此模式时最好选择市场的缝隙（没有竞争者），采用集中化营销策略。

2. 选择专业化

选择专业化是指企业选取若干个具有良好的盈利潜力和结构吸引力，且符合企业目标和资源的细分市场作为目标市场，其中每个细分市场与其他细分市场之间较少联系，有选择的专门化模式。即企业选取若干个细分市场作为目标市场，这样可以分散企业的风险，即使某个细分市场失去优势，企业仍可继续在其他细分市场获取利润。应用这种模式应注意实施差异化战略，否则便失去意义。

选择专业化的特点是产品多样化。它的优点是能扩大销售，分散风险，增强竞争力。它的缺点是产品多，产品设计、制造、仓储、促销的费用高、管理复杂。这种模式主要适用于资金雄厚、实力较强、管理水平较高的大型企业。

3. 产品专门化

产品专门化模式即企业集中同一种产品满足多个细分市场的同类需求。如饮水器厂只生产一个品种，同时向家庭、机关、学校、银行、餐厅、招待所等各类用户销售。它的优点是企业专注于某一种或一类产品的生产，有利于形成和发展生产和技术上的优势，在该领域树立形象。它的缺点是当该领域被一种全新的技术与产品所代替时，产品销量有大幅度下降的危险。因此，要注意新技术的发展。

产品专门化有以下几种。

（1）按不同用途实行产品专门化。就刀来说，可以按照不同的用途开发菜刀、水果刀、剪刀、剃须刀等新产品。这种具有专门用途的产品能更好地满足用户的专门需要。

（2）按不同消费对象实行专门化。使用对象不同，对产品的要求也不同。拿提包来说，有妇女用的手提包、办公用的公文包、学生用的书包、旅行者用的旅行包等。消费者还有性别、年龄、职业、文化程度、生活习惯、生活方式的差异，因此，按不同的对象可以开发出许多种类的专用产品。

（3）按使用地点不同，实行产品专门化。不同的使用地点对同一类产品有着不同的要求。如按钟的不同用途，可以开发出家庭用闹钟、汽车钟、坦克钟、航海钟等。

（4）按产品的特定使用范围，实行产品专门化。生产经营单位要善于发现并及时满足消费者的特定需要。例如，作为馈赠亲友的礼品，除要质地优良外，还要注意产品的款式、包装和装潢；又如，要是用来作为新婚贺礼的礼品，一般都要成双成对。

企业实行产品专门化策略一般都能见效快，但风险比较大。因此，随着企业资源的不断丰富，一般都应扩大经营范围，以分散投资风险。

4. 市场专门化

市场专门化模式即以多种产品满足同一市场上的消费者的多种需求。例如，向大学实验室提供所需的一系列产品（显微镜、示波器、玻璃器皿等）。它的优点是专门为某一个消费者群服务，有望获得好的声誉，但一旦这个群体需求变化时，就有失败的危险。

5. 完全市场覆盖

完全市场覆盖模式是指企业用各种产品满足各种消费者群体的需求。只有实力雄厚的大型企业才能采用这种模式，例如，国际商用机器公司（计算机市场）、通用汽车公司（汽车市场）和可口可乐公司（饮料市场）。

三、目标市场选择的影响因素

根据上面目标市场选择的模式，影响企业目标市场策略的因素主要有企业资源、产品的特点、市场的特点、周期阶段和竞争者的策略五类。

（一）企业资源

如果企业规模较大，技术力量和设备能力较强，资金雄厚，原材料供应条件好，则可采用差别营销策略或无差别营销策略。我国许多大型企业基本上都采用这两种策略。反之，规模小、实力差、资源缺乏的一般企业宜采用集中市场营销策略。我国医药工业的整体水平相对落后，即使是国内一流的大型医药企业也难以与国外大医药公司相抗衡。

采用集中营销策略，重点开发一些新剂型和国际市场紧缺品种，利用劳动力优势，建立自己的相对品种优势，不失为一条积极参与国际竞争，提高医药工业整体水平的捷径。

（二）产品的特点

产品的同质性表明了产品在性能、特点等方面的差异性的大小，是企业选择目标市场时不可不考虑的因素之一。一般对于同质性高的产品，如食盐等，宜施行无差异市场营销；对于同质性低或异质性产品，差异市场营销或集中市场营销是恰当选择。

此外，产品因所处的生命周期的阶段不同，而表现出的不同特点也不容忽视。产品处于导入期和成长初期，消费者刚刚接触新产品，对它的了解还停留在比较初浅的层次，竞争尚不激烈，企业这时的营销重点是挖掘市场对产品的基本需求，往往采用无差异市场营销策略。等产品进入成长后期和成熟期时，消费者已经熟悉产品的特性，需求向深层次发展，表现出多样性和不同的个性，竞争空前的激烈，企业应适时地转变策略为差异市场营销或集中市场营销。

（三）市场的特点

供与求是市场中两大基本力量，它们的变化趋势往往是决定市场发展方向的根本原因。供不应求时，企业重在扩大供给，无暇考虑需求差异，所以采用无差异市场营销策略；供过于求时，企业为刺激需求、扩大市场份额殚精竭虑，多采用差异市场营销或集中市场营销策略。

从市场需求的角度来看，如果消费者对某产品的需求偏好、购买行为相似，则称之为同质市场，可采用无差异市场营销策略；反之，为异质市场，差异市场营销和集中市场营销策略更合适。

（四）周期阶段

对于处在介绍期和成长期的新产品，营销重点是启发和巩固消费者的偏好，最好实行无差异市场营销或针对某一特定子市场实行集中性市场营销；当产品进入成熟期时，市场竞争激烈，消费者需求日益多样化，可改用差异性市场营销战略以开拓新市场，满足新需求，延长产品生命周期。

（五）竞争者的策略

企业可与竞争对手选择不同的目标市场覆盖策略。例如，竞争者采用无差异市场营销策略时，你选用差异市场营销策略或集中市场营销策略更容易发挥优势。

企业的目标市场策略应慎重选择，一旦确定，应该有相对的稳定性，不能朝令夕改。但灵活性也不容忽视，没有永恒正确的策略，一定要密切注意市场需求的变化和竞争动态。

第三节　目标市场定位

一、目标市场定位的含义

市场定位也称作“营销定位”，是市场营销工作者用以在目标市场（此处目标市场指该市场上的客户和潜在客户）的心目中塑造产品、品牌或组织的形象或个性的营销技术。企业根据竞争者现有产品在市场上所处的位置，针对消费者或用户对该产品某种特征或属性的重视程度，强有力地塑造出此企业产品与众不同的、给人印象鲜明的个性或形象，并把这种形象生动地传递给消费者，从而使该产品在市场上确定适当的位置。

企业在市场定位过程中，一方面要了解竞争者在该目标市场上的市场地位，另一方面要研究目标消费者对产品的各种属性的重视度，然后选定本企业产品的特色和独特形象，从而完成产品的市场定位。市场定位包括产品、价格、分销等全方位的定位。有效的市场定位可以确定产品在消费者心目中的适当位置并留下深刻的印象，以便吸引更多的消费者，帮助企业取得目标市场上的竞争优势。失败的市场定位，则有可能使得产品或企业一败涂地。因此，市场定位是市场营销战略体系中的重要组成部分，它有利于树立企业及产品或品牌的鲜明特色，满足消费者的需求偏好，从而对提高企业的竞争力具有重要的意义。

二、目标市场定位的途径和方法

（一）目标市场定位的途径

在企业进行市场细分、对目标市场选择后，要对目标市场进行定位，主要从以下几个途径来实现。

（1）根据产品本身的特性进行定位。随着商品经济的发展，差异不大的同类产品大量出现，因而应采用突出产品特性的定位。如根据汽车产品的特点，本田定位于低廉的价格，宝马则突出它良好的性能。还可以根据产品提供的利益进行定位，如高露洁牙膏宣传它能够使牙齿更坚固，小护士护肤霜突出它的防晒功能，等等。

（2）针对竞争对手的产品进行定位。可以对竞争者进行反向定位，也可以针对竞争者进行对抗定位，还可以采取回避竞争者的定位。

（3）根据不同的产品种类进行定位。例如，一些“人造黄油”针对“白脱奶油”定位。

（4）根据消费者的特色定位。如服装业可根据男士和女士的不同偏好、不同年龄消费者的不同服装偏好、不同职业消费者对服装需求的特点、不同收入水平消费者对服装需求的差异进行定位。

（二）目标市场定位的方法

目标市场定位的方法，针对各个企业不同的环境和企业的实力，主要有避强定位、对抗性定位、求次定位、重新定位和间接定位五种方法。

1. **避强定位**

这是一种采取迂回的方式，避开强有力的竞争对手的市场定位。它的优点是能够迅速站稳脚跟，树立起一种形象，市场风险较低。例如，七喜公司针对可口可乐公司在可乐行业中拥有强大的支配力，并没有给其他品牌留下很大的发展空间的情况，推出了反其道而行之的定位战略，避开强劲的竞争，它推出了“非可乐”的汽水，成为定位时代的一项伟大创意。在实行了“非可乐”的定位后，第一年的销售额猛增加了 50%。

2. **对抗性定位**

这是一种“对着干”的定位方式。显然，这种定位方式有时会产生危险，但一旦成功就会获得巨大的市场优势。例如，中国轿车业的私立企业吉利面对低档轿车夏利等强手，直接对抗定位于同类产品。实行对抗性定位，必须清醒估计自己的实力，并知己知彼，不一定试图替代对方，能够平分秋色就是成功。

3. **求次定位**

在当今竞争激烈的市场上，有时竞争对手的实力可能比自己强大。在这种情况下，求次定位不失为一种比较理想的定位方式。艾维斯（Avis）的“与赫兹公司相比，艾维斯在租车行业是第二位”的求次定位作为一个经典案例载入了营销史册，蒙牛乳业也提出了“创内蒙古乳业第二品牌”的求次定位。

4. **重新定位**

重新定位是指企业根据市场现有定位情况，为重新获得活力而进行的第二次定位。这种定位旨在摆脱困境，重新获得增长优势。困境可能是企业决策失误引起的，也可能是对手有力反击或出现新的强有力竞争对手而造成的。不过，也有重新定位并非因为已经陷入困境，而是产品意外地扩大了销售范围引起的。例如，专为青年人设计的某种款式的服装在中老年消费者中也流行开来，该服饰就会因此而重新定位。王老吉的市场定位从“中药凉茶”重新定位到“预防上火的饮料”。

5. **间接定位**

为了准确地确定产品或品牌的位置，有时还可以通过给竞争对手进行定位来达到给自己定位的目的。例如，拉斐尔（Raphael）开胃葡萄酒在一次广告中显示了一瓶标有

“法国制造”的 Raphael 和一瓶标有“美国制造”的杜博尼酒（Dubonnet）。标题写着“每瓶少花 1 美元，你可以享受进口产品”。这则广告让美国人惊讶地发现，Dubonnet 原来是美国产品。可以说，Raphael 广告的制作成功地通过对竞争对手 Dubonnet 进行定位而间接定位了自己。表面看来，这种方式并不是对自己的产品或品牌的直接定位，但是，它却可以间接地达到这个目的。

三、目标市场定位的步骤

市场定位通过识别潜在的竞争优势、确定企业的核心竞争优势和制定发挥核心竞争优势的战略三个步骤来实现。

（一）识别潜在的竞争优势

识别潜在的竞争优势是市场定位的基础。通常企业的竞争优势表现在两个方面：成本优势和产品差别化优势。成本优势是企业能够以比竞争者低廉的价格销售相同质量的产品，或以相同的价格水平销售更高一级质量水平的产品。产品差别化优势是指产品独具特色的功能和得益于与消费者需求相适应的优势，即企业能向市场提供的在质量、功能、品种规格、外观等方面比竞争者更好的产品。为实现此目标，首先必须进行规范的市场研究，切实了解目标市场的需求特点以及这些需求被满足的程度，这是能否取得竞争优势，实现产品差别化的关键。因此，要研究主要竞争者的优势和劣势，知彼知己，方能百战不殆。可以从三个方面评估竞争者：一是竞争者的业务经营情况，如近三年的销售额、利润率、市场份额、投资收益率等；二是竞争者的核心营销能力，主要包括产品质量和服务质量的水平等；三是竞争者的财务能力，包括获得能力、资金周转能力、偿还债务能力等。

（二）确定企业的核心竞争优势

核心竞争优势是与主要竞争对手相比，企业在产品开发、服务质量、销售渠道、品牌知名度等方面所具有可获取明显差别得益的优势。应把企业的全部营销活动加以分类，并将主要环节与竞争者相应环节进行比较分析，以识别和形成核心竞争优势。

（三）制定发挥核心竞争优势的战略

企业在市场营销方面的核心优势，不会自动地在市场上得到充分的表现，必须制定明确的市场战略来加以体现。例如，通过广告传导核心优势战略，逐渐形成一种鲜明的市场概念，这种市场概念能否成功，取决于它是否与消费者的需求和追求的利益相吻合。

第五章　商业市场性营销战略与其他营销战略

诚如土地是人类的生命线一样，市场是企业的生命线。再完美的产品，即使是上帝的杰作，也不能自己将自己销售出去；如果产品不能销售出去，那么即使它们再完美，也只能算作废品。因此，市场营销是企业不朽的灵魂和永恒的主题。本章分为市场性营销战略和其他营销战略两部分。主要包括扩大市场占有率、发现和扩大市场规模、基于增长的战略选择、基于产品生命周期的战略选择等方面。

第一节　市场性营销战略

一、扩大市场占有率

（一）增加新产品

研制新产品和出售新产品是提高市场占有率广泛使用的重要手段。根据市场战略对收益影响的有关调查资料，新产品在销售额中所占的比例比竞争对手高或者该比例增加时，其市场占有率就会增加。对已经形成的或者开始形成的产品市场，革新产品是广泛使用的战略。电子计算机与半导体加工业总是不断地更新产品，不仅从性能上，也从体积和功能上不断改良产品。加工食品、日常生活用品、家庭用品的企业也应该定期创新，改良成分、香味、大小、包装等。

（二）保护市场占有率

近年来，国外的经营管理者在制定政策时经常借用军事上的战略战术，特别是对我国古代的兵法十分重视。军事上有一条原则：“进攻是最好的防御。”香港电信公司实施了一项名为“G-Force”的服务保证计划，它使得消费者能够申请免费租用线路，甚至当流动服务无法达到其服务标准时将现金兑换出来。同时该公司还引入了如VOD（视频服务）等营利性业务，这种VOD服务可以用普通电话线路将各种电影传送到用户家里。

市场主导者如果不发动进攻，就必须严守阵地。市场主导者必须善于准确地辨认哪些是值得耗资防守的阵地，哪些是风险很小可以放弃的阵地。市场主导者往往无法保持它在整个市场上的所有阵地，应当集中使用防御力量。有以下六种防御战略可供市场主导者选择。

1．阵地防御

阵地防御是指在现有阵地周围建立防线。这是一种静态的防御，是防御的基本形式，但不能作为唯一的形式。现在，可口可乐公司虽然已经发展到年产量占全球软饮料半数左右的规模，但仍然积极从事多角化经营，如打入酒类市场、兼并水果饮料公司、从事塑料和海水淡化设备等工业。

2．侧翼防御

侧翼防御是指市场主导者除保卫自己的阵地外，还应建立某些辅助性的基地作为防御阵地，在必要时作为反攻基地，特别是注意保卫自己较弱的侧翼，防止对手乘虚而入。例如，在20世纪30年代，美国几大汽车公司就因没有注意侧翼防御而遭到日本小型汽车的无情进攻，失去了大片阵地。大荣公司是日本最大的超市连锁公司，它选择在城镇外开设新店，销售更多的进口商品等战略，狠狠报复了那些企图与之竞争的折扣商店。在菲律宾，生力啤酒公司的白威士忌受到亚洲啤酒公司“虎”牌啤酒的挑战，生力啤酒公司为应付这一挑战，推出了侧翼品牌“金鹰”，结果取得了防御成功。

3．以攻为守

以攻为守是一种“先发制人”式的防御，即在竞争者尚未进攻之前，先主动攻击它。这种战略主张预防胜于治疗，事半功倍。具体做法是：当竞争者的市场占有率达到某一危险的高度时，就对它发动攻击；或者对市场上所有的竞争者发动全面攻击，使人人自危。如日本精工表把它的2000多个款式的手表分销到世界各地，造成全方位的威胁。

4．反击防御

当市场主导者遭到对手发动降价或促销攻势，或改进产品、占领市场阵地等进攻时，不能只是被动应战，应主动反攻入侵者的主要市场阵地。可实行正面反攻、侧翼反攻或发动钳形攻势，以切断进攻者的后路。当市场主导者在它的本土上遭到攻击时，一种很有效的方法是进攻攻击者的主要领地，以迫使其收回部分力量守卫其本土，这叫作“围魏救赵”，富士与柯达公司就是这样的例子，当富士在美国向柯达公司发动攻势时，柯达公司报复的手段是以牙还牙，攻入日本市场。

5．运动防御

这种战略的目的是，不仅要防御目前的阵地，还要扩展到新的市场阵地，作为未来防御和进攻的中心。市场扩展可通过两种方式实现：① 市场扩大化，是指企业将其注意力从目前的产品上转到有关该产品的基本需求上，并全面研究与开发有关该项需要的科学技术。例如，把“石油”公司变成能源公司就意味着市场范围扩大了，不限于石油一种能源，而是要覆盖整个能源市场。② 市场多元化，是指向无关的其他市场扩展，实行多元化经营。例如，美国的烟草公司由于社会对吸烟的限制日益增多，纷纷转向其他产业，如酒类、软饮料和冷冻食品等。

6．收缩防御

在所有市场阵地上全面防御有时会得不偿失，通常情况下，最好是实行收缩防御，即放弃某些疲软的市场阵地，把力量集中在主要的市场阵地上。例如，美国西屋电器公司将其电冰箱的品种由 40 个减少到 30 个，撤销了 10 个品种，竞争力反而增强了。

（三）增加开拓市场的费用

扩大市场占有率战略的第三个因素是市场费用，即推销员费用、广告费用、促销费用，与市场占有率增减关系最密切的是推销员费用。在经营原材料的企业，促进销售费用的作用就不太明显，而广告费用对经营消费资料的企业扩大市场占有率可以做出很大的贡献。在生产资料和原材料企业，广告费用在市场费用中所占的比例不大，只是一种竞争的手段而已。促进销售活动的方式很多，所以使用促进销售费用的方法也多种多样。以经营消费资料的企业为例，一般采用临时降价、赠送样品、商品展销等，尤其是在开始出售新产品期间；近年来，耐用消费品企业常常用现金折扣；生产资料企业常常采用赠送样品目录、对销售企业给予佣金、暂时降价等方法。

（四）提高企业与竞争对手的产品质量

开发新产品扩大市场占有率的战略渐渐扩大到对原有产品或者劳务的改良方面。有些企业是经过一段缓慢过程对原有产品逐步改良的。提高产品质量是扩大市场占有率的有力手段，通过提高质量来扩大市场占有率的产品并不是指豪华产品，在大部分市场中销售最好的一般是中档品，制造质量比其他企业好的中档商品是最重要的。

二、发现和扩大市场规模

（一）寻找新的使用者

每一种产品都有吸引购买者的潜力，而这些购买者也许尚未知道有此种产品存在，也可能因为价格或者缺乏某些特性而拒绝购买。一个企业可以在上述三种购买群中寻找新的使用者。例如，香水制造商可以设法说服不使用香水的妇女去使用香水（市场渗透策略），或者说服男士开始使用香水（新市场策略），或者将香水销售到其他国家（地理扩张策略）。

（二）寻找新的用途

市场可以经由发现与推广产品的新用途而予以扩张。美国杜邦公司的重要产品尼龙就是一个典型的例子。最初，尼龙是用来制造降落伞的，然后又成为长筒袜的主要原料，再后来成为衣料，人们以为尼龙早已到了其寿命成熟期，孰料经过杜邦公司等大跨国企业不懈地实施开拓新用途战略，尼龙进入了汽车制造业，成为轮胎、坐垫的原料。企业应该注重消费者使用产品的方式，此种做法对工业品和消费品都同样适用。有关资料表明，大多数新工业品的构想都是由消费者提出的，而非出自企业的研究开发实验室。系统地收集消费者的需要并给予关注是很重要的，它有助于产品新用途的发现。

第二节　其他营销战略

一、基于增长的战略选择

（一）多元化战略

1. 多元化战略的成本收益分析

（1）多元化战略的成本分析

由于企业在不同的业务领域内经营，因而企业的管理与协调工作就大大复杂化了，因为不同的企业在管理方式、经营文化上都有很大的差别，而在不同的领域内同时经营就又可能造成经营理念上的冲突，使管理效率大大降低。多元化经营企业内部管理的复杂化还表现在对不同业务单位的业绩评价、集权与分权的界定、不同业务单位间的协作等。

企业的资源是有限的，这些资源包括资金、人才、设备、土地等有形资源和商誉、技术、管理能力、销售渠道等无形资源。实行多元化经营必然要分散企业的资源，从而对企业原有业务产生不利影响。如果企业在原有业务领域并未真正获得竞争优势就迫不及待地进入新的业务领域，就很容易使企业在新旧产业内同时陷入困境，造成经营上的失败。

多元化战略同纵向一体化战略同样需要克服产业进入壁垒，这就必须付出成本，如额外的促销费用等。同时，在一个完全陌生的新的产业环境中经营，企业往往会冒较大的风险。企业在刚刚进入一个产业时，由于不具备在此产业中的经营经验，缺乏必要的人才、技术等资源，因此很难在此产业中立足并取得竞争优势。

（2）多元化战略的收益分析

1）协同效应。协同效应是两个事物有机地结合在一起，发挥出超过两个事物简单总和的联合效果。企业采用多元化战略后，新老产品、新旧业务、生产管理与市场营销的各个领域，如具有内在联系，存在着资源共享性，互相就能起促进作用。企业的协同效果表现在以下几个方面。

① 管理的协同效应。即生产的产品或经营的业务在经营决策的基准上大致相同，对管理的方法或手段的安排比较一致。企业经营的产品在管理上是否具有共享性是决定企业多元化战略成功与否的重要因素。如果企业新的业务领域与原有的业务领域在经营管理上有很大区别，则一方面企业管理人员要花费大量的时间和精力去熟悉新产品、新业务；另一方面，企业决策者和管理人员往往习惯于将原有的一套经营经验和方法不自觉地运用到新产品、新业务上，往往造成决策失误的可能性增加。因此，企业要实施多元化战略，必须充分注意管理上的协同效应。

② 营销的协同效应。当不同的产品有共同的渠道和消费者时，往往会产生协同效应，老产品带动新产品的销售，新产品反过来又能为老产品开拓市场，从而增加销售总额。同时，由于面对共同的市场，企业不需要为新产品增加额外的销售费用，从而使企业的单位营销成本降低。

③ 生产的协同效应。如果新老产品在生产技术、生产设备、原材料以及零部件的利用上具有相似性，那么，在产品再生产上就会获得协同作用。

④ 技术的协同效应。这里的技术主要指设计与开发技术。企业在实行多元化经营时，可以充分利用贯穿于这些产品之间的核心技术，大大减少新产品的研究开发费用，并提高新产品成功的概率。

2）分散风险。企业经营的好坏不仅取决于企业管理者，还受宏观经济的影响。因此，多元化经营的一个非常重要的战略利益就是通过减少企业利润的波动来达到分散经营风险的目的。以此目的而实行的多元化战略，应确立使企业风险最小、收益最大的产品组合。一般来说，企业应选择在价格波动上是负相关的产品组合，这将最有利于分散风险；而高度相关的产品组合不利于分散经营风险。这种高度相关包括：所有产品都在产品生命周期的统一阶段、所有产品都是风险产品或滞销产品、所有产品都存在对某种资源的严重依赖等。

3）增强市场力量。实施多元化经营战略的企业拥有更多的市场力量，多元化的企业通过以下三个机制来实施市场力量。

① 掠夺性价格。多元化的企业可以凭借其在规模及不同业务领域经营的优势，在单业务领域实行低价竞争，从而取得竞争优势。企业可以将价格定在竞争对手的成本以下，而通过其他业务领域来弥补这一定价行动的损失，从而在这一时期挤垮竞争对手或迫使其退出此行业，为企业在此行业的长期发展创造一个良好的环境。

② 互利销售。企业通过多元化经营可以实现互利销售，从而扩大企业市场份额。互利销售是指企业可以与其主要客户签订长期合同，互相提供所需的产品，以实现相互利益的最大化。

③ 相互制约。当一个多元化经营的企业与另一个多元化经营的企业竞争时，这两个企业可能会在多个市场上进行竞争，而这众多市场接触会减弱相互竞争的强度。如果一个企业在一个市场上采取进攻行动（如降价行动），很可能会招致另一个企业在其他市场上的报复行动。因此，通过这种制约，企业可以在一个竞争相对缓和的环境中生存。

2. 多元化战略的制定步骤

（1）清楚了解公司现在的战略

考察公司的重点是相关的还是不相关的多元化，公司的经营地域是以国内为主还是逐渐多国化，对于增加新业务和在新行业中建立地位最近采取了什么行动，最近的剥离行动的依据是什么，在捕捉战略匹配关系、创建基于范围经济或者资源转移的竞争优势，以及对于各个业务单元进行资源配置的模式等方面努力的本质是什么。这一步骤为全面评估战略变动的必要性奠定了基础。

（2）评估公司所在的每一行业的长期吸引力

行业吸引力需要从三个方面进行评估：每一个行业自己的吸引力、每一个行业相对于其他行业的吸引力、所有行业作为一个集团的吸引力。行业吸引力的数量测度方法，是对多元化经营公司所涉足的行业进行由最具有吸引力到最不具有吸引力进行排名的合理、可靠的方法。这一排名表明了公司多元化进入的某些行业吸引力如何，以及该行业为什么比其他的行业更有吸引力。计算行业吸引力分数最困难的是，为各行业的吸引力的测度标准选定合适的权数，以便能够很好地了解每一个行业，以对它们进行精确的、客观的评估。

（3）评估公司中每一业务单元的相对竞争地位和竞争力量

此时对于竞争力的数量性评估再次优于主观判断。对于每一业务单元的竞争力量进行评估的目的是弄清哪些竞争者在它们所处的行业中力量强大、哪些竞争者力量比较弱小，以及它们之所以强大和弱小的原因。将行业竞争力和吸引力考察的结论联合在一起的最有效的方法是通用矩阵。

（4）制定提高公司整体业绩的一系列行动决策

典型的行动包括：① 进行购并，从内部开创新业务，剥离勉强维持的业务或者不再符合公司的长期方向的战略业务；② 修正某些决策能力以加强公司业务的长期竞争地位；③ 利用战略匹配和资源匹配的机会，并将之转化为长期的竞争优势；④ 将公司资源从缺少机会的领域转到有很多机会的领域。

3. 多元化战略的效果检验

（1）吸引力检验

选择进行多元化经营的行业必须有足够的吸引力，使投资连续得到良好的回报。一个行业是否有吸引力，主要取决于是否存在有利的竞争条件和利于长期获利能力的市场环境，像是否快速增长这样的标准并不能代表吸引力的大小。

（2）进入成本检验

进入目标行业的成本必须不能高到侵害获利能力的地步。行业的吸引力越大，则进入该行业的成本就会越高，新创公司的进入壁垒几乎总是很高。如果壁垒太低，大群的新进入者会很快侵蚀高的获利潜力。而购买一家已经在这一领域经营的公司经常要承担一笔很高的购并成本，因为这一行业具有强大的吸引力。

（3）状况改善检验

多元化经营的公司必须为它进入的新的经营业务带来一些竞争优势的潜力，或者新的经营业务必须增加公司目前的竞争优势。在以前不存在竞争优势的领域创建持久的竞争优势的机会，也意味着是提高获利能力和增加股东价值的机会。状况改善检验需要检查有潜力的新的经营业务，以决定它们是否拥有与公司现存业务互补的价值链。这种互补可以提供削减成本、将技能和技术从一种经营转化到另一种经营的机会，或者提供创造有价值的新的生产能力、有效利用现存资源的机会。如果没有这种互补的作用，人们将会怀疑将两种经营放在一起优于单独运作的能力。

能够满足以上三种检验的多元化经营决策对于在长期内营建股东价值有最大的潜力，只能通过一种或两种检验的多元化决策则令人怀疑。

（二）一体化战略

1. 一体化战略的模式

一体化战略可分为纵向一体化战略与横向一体化战略，纵向一体化战略又可分为后向一体化与前向一体化。

（1）纵向一体化

所谓纵向一体化，即企业向供方、买方扩张，既控制原材料，又控制市场的发展战略。具体可分为后向一体化与前向一体化。

1）后向一体化，是指企业产品在市场上拥有明显的优势，可以继续扩大生产，打开销售，然而，由于协作供应商的材料供应跟不上或成本过高，影响企业的进一步发展。在这种情况下，企业可以依靠自己的力量扩大经营规模，自行生产材料或配套零部件，也可以向后兼并供应商或与供应商合资兴办企业，组建联合体，统一规划和发展。

2）前向一体化，从物资的移动角度看，即朝与后向一体化相反的方向发展。它通常指的是生产原材料或半成品的企业，按照市场需要和生产技术条件，充分利用自己在原材料、半成品的优势和潜力，决定由企业自己制造成品或与成品企业合并，组建经济联合体，从而能够在一定程度上促进企业的成长与发展。

（2）横向一体化

所谓横向一体化，是指企业以兼并处于同一生产经营阶段的企业为其长期活动方向，以促进企业实现更高程度的规模经济和迅速发展的一种战略。

2．纵向一体化战略的成本收益分析

（1）纵向一体化战略的成本分析

1）克服移动壁垒的成本。纵向一体化要求企业克服移动壁垒，这就需要付出成本，如需克服规模经济、资本需求，以及由专有技术或合适的原材料而具有的成本优势引起的壁垒等。

2）增加经营杠杆。纵向一体化增加了企业的固定成本部分。如果企业在某一市场上购买某一种产品，那么所有成本都是变动的。如果再整合企业生产产品，即使有些原因降低了产品需求，企业也必须承担生产过程中的固定成本。由于两个业务中的任何一个引起波动的因素也在整个整合链中引起波动，纵向一体化增加了企业的经营杠杆，使企业在收入上面临较大的周期变化，这就增加了企业的经营风险。

3）资本投资需求。纵向一体化要耗费资本资源，即在企业内部有一个机会成本，而与一个独立实体打交道则应用外部的资本投资。纵向一体化还降低了企业分配其投资资金的灵活性。由于纵向链中每一经营环节的表现是相互依赖的，因此，企业可能被迫在边际部分投资以维护整体，而不能向其他地方分配资本。

4）不同的管理要求。尽管存在一个纵向关系，企业也能在结构、技术和管理上有所不同。弄懂如何管理这样一个具有不同特点的企业是纵向一体化的主要任务。能够很好地管理一部分纵向链的管理者不一定能够有效地管理其他部分。因此，一系列普通的管理方式和一系列普通的假设不一定适合于纵向相关业务。

（2）纵向一体化的收益分析

1）一体化的经济利益。如果产量足以达到有效的规模经济，则最通常的纵向一体化战略利益是联合生产、销售、采购、控制和其他经济领域实现经济性。联合经营的经济通过将技术上相区别的生产运作放在一起，企业有可能实现高效率。

① 内部控制和协调经济。如果企业是纵向一体化的，则安排、协调交货时间以及对紧急事件的反应的成本都可能降低。对生产进度表、交货时间表与维修活动的更好控制，能使原材料的供应更稳定，交货能力也更有保证，这一切都会提高企业的生产效率。

② 信息经济。一体化经营可以减少收集某些类型的市场信息的总成本。监控市场以及预测供给、需求与价格的固定成本可以由一体化企业的各个部分分摊，而在非一体

化企业中将由各个实体承担。

③ 节约交易成本的经济。通过纵向一体化，企业可以节约市场交易的销售、谈判和交易成本。尽管内部交易过程中也常常要进行某些讨价还价，但其成本绝不会接近市场交易成本。这主要是因为内部交易不需要任何销售力量和市场营销或采购部门，也不需要支出广告促销费用。

④ 稳定经济关系。由于上游与下游环节都知道它们的采购和销售关系是稳定的，因而能够建立起彼此交往的、更有效的专业化程序，而这在供应商或消费者是独立实体的情况下是行不通的。同时，关系的稳定性将使上游企业可以微调自己的产品（质量、规格方面），以使其满足下游企业的特殊要求；或者使下游企业对自身进行调节以更好地适应上游企业的特点。这种调节可以使上下游企业的配合更为紧密，从而大大提高企业的整体效率。

2）确保供给和需求。纵向一体化确保企业在产品供应紧缺时得到充足的供应，或在总需求很低时能有一个产品输出渠道。但是，一体化能保证的需求量以下游需求企业所能吸收上游企业的产量为限。很明显，下游企业这样做的能力依赖于竞争条件对下游企业的影响。如果下游企业的需求不旺，下游企业的销量也会很低，它对相应的内部供应商的产量需求也很低。因此，一体化战略只能减少企业随意终止交易的不确定性。虽然纵向整合能力能够减少供应和需求的不确定性，并且能够规避产品价格的浮动，但这并不意味着内部转移价格不反映市场变动。在一个整合公司中，产品以转移价格从一个企业到另一个企业，而转移价格应反映市场价格，这样可以保证每一个企业都可以正常管理业务。

3）提高进入和移动壁垒。与没有纵向一体化的企业相比，整合企业通过纵向一体化可以得到某些战略优势，如较高的价格、较低的成本或较小的风险，从而提高产业的进入壁垒。因此，没有实施纵向一体化的企业必须实施，否则就会处于劣势。如果纵向一体化产生很大的规模经济或资本需求壁垒，强迫纵向一体化就会增加产业中的移动壁垒。

4）进入高回报产业。有时，通过纵向一体化，企业可以提高其总投资回报率。如果通过实施一体化可以为企业提供大于资本机会成本的投资回报结构，那么，即使一体化没有经济性，它也是有利的。

3．横向一体化战略的成本收益分析

（1）横向一体化的战略成本分析

1）管理问题。收购一家企业往往涉及收购后母子公司的管理协调上的问题。由于母子公司在历史背景、人员组成、业务风格、企业文化、管理体制等方面存在着较大的差异，因此母子公司的各方面的协调都非常困难，这是横向一体化的一大成本。

2）政府法规限制。横向一体化容易造成产业内的垄断结构，因此，各国法律都对此做出了限制。在确定一项企业合并是否合法时要考虑以下因素：防止产业内的集中度；这一合并是否给予合并企业对其他企业的竞争优势；进入该行业是否困难；该行业内是否已经存在一种合并的倾向；被合并企业的经济实力；对该行业产品的需求是否增长。

（2）横向一体化的战略收益分析

1）规模经济。横向一体化通过收购同类企业达到规模扩张，这在规模经济性明显的产业中，可以使企业获取充分的规模经济，从而使成本得到极大的降低，取得竞争优势。同时，通过收购往往可以获取被收购企业的技术专利、名称等无形资产。

2）减少竞争对手。横向一体化是一种收购企业的竞争对手的增长战略。通过实施横向一体化，可以减少竞争对手的数量，降低产业内相互竞争的程度，为企业的进一步发展创造一个良好的产业环境。

3）较容易的生产能力扩张。横向一体化是企业生产能力扩张的一种形式，这种扩张相对较为简单和迅速。横向一体化的战略成本主要包括管理问题和政府法规限制。

二、基于产品生命周期的战略选择

（一）产品生命周期理论概述

所谓产品生命周期，是指为交换而生产的商品（简称产品），从投入市场到被市场淘汰的全过程，即指产品的市场寿命或经济寿命，它是相对于产品的物质寿命或使用寿命而言的。物质寿命反映商品物质形态消耗的变化过程，而市场寿命则反映商品的经济价值在市场上的变化过程。

产品生命周期各阶段及其特点如下。

1. 导入期的特点

在此阶段，产品技术尚不完全成熟，性能还不尽完善，消费者对该产品还不了解，因此需求较为隐蔽，产品批量小，单位成本高，尚未建立起稳固的销售渠道，促销费用大，因而此阶段利润较少，甚至可能亏损。

2. 成长期的特点

在此阶段，产品技术已成熟、工艺稳定，消费者对此产品已较为熟悉，因而销量大增，形成了大批量生产，单位成本迅速降低，已建立起了较稳固的销售渠道。在增长率进一步增加的情况下，销售量也大增，从而利润迅速增长。

3. 成熟期的特点

在此阶段，市场需求趋于饱和，销售增长率开始下降，利润增长率也开始下降，全行业出现过剩，市场竞争更趋激烈，部分竞争者开始退出，此时企业的销量很大，利润多，现金收入多。

4．衰退期的特点

在此阶段，产品已逐渐被新产品所替代，产品销售增长率由开始下降转为迅速下降，甚至出现负增长率，从而销量也开始下降，消费者的兴趣已转向其他产品或持币待购。竞争使价格下降至最低水平，多数企业因无利可图而被迫退出。

（二）产品生命阶段的战略选择

1．导入期的营销策略

（1）高价快速策略

在采取高价格的同时，配合大量的宣传推销活动，把新产品推入市场。其目的在于先声夺人，抢先占领市场，并希望在竞争者还没有大量出现之前就收回成本，获得利润。适合采用这种策略的市场环境为：① 必须有很大的潜在市场需求量。② 这种商品的品质特别高，功效又比较特殊，很少有其他商品可以替代。消费者一旦了解这种商品，常常愿意出高价购买。③ 企业面临着潜在的竞争对手，想快速地建立良好的形象。

（2）选择渗透策略

在采用高价格的同时，只用很少的促销努力。高价格的目的在于及时收回投资，获取利润；低促销的方法可以减少销售成本。这种策略主要适用于以下情况：① 商品的市场比较固定、明确；② 大部分潜在的消费者已经熟悉该产品，他们愿意出高价购买；③ 商品的生产和经营必须有相当的难度和需求，普通企业无法参加竞争，或由于其他原因使潜在的竞争不迫切。

（3）低价快速策略

在采用低价格的同时做出巨大的促销努力。其特点是可以使商品迅速进入市场，有效地限制竞争对手的出现，为企业带来巨大的市场份额。该策略的适应性很广泛。适合该策略的市场环境是：① 商品有很大的市场容量，企业渴望在大量销售的同时逐步降低成本；② 消费者不了解这种产品，对价格又十分敏感；③ 潜在的竞争比较激烈。

（4）缓慢渗透策略

在新产品进入市场时采取低价格，同时不做大的促销努力。低价格有助于市场快速地接受商品；低促销又能使企业减少费用开支，降低成本，以弥补低价格造成的低利润或者是亏损。适合这种策略的市场环境是：① 商品的市场容量大；② 消费者对商品有所了解，同时对价格又十分敏感；③ 存在某种程度的潜在竞争。

2．成长期的营销策略

产品的成长期是指新产品试销取得成功以后，转入成批生产和扩大市场销售额度。产品进入成长期以后，被越来越多的消费者接受并使用，企业的销售额直线上升，利润增加。在此情况下，竞争对手也会纷至沓来，威胁企业的市场地位。因此，在成长期，企业的营销重点应该放在保持并且扩大自己的市场份额、加速销售额的上升方面。另外，企业还必须注意成长速度的变化，一旦发现成长的速度由递增变为递减时，必须适时调整策略。适用于这一阶段的具体策略有以下几种：① 积极筹措和集中必要的人力、物力和财力进行基本建设或者技术改造，以利于迅速增加或者扩大生产批量。② 改进产品的质量，增加产品的新特色，在商标、包装、款式、规格和定价方面做出改变。③ 进一步开展市场细分，积极开拓新的市场，创造新的用户，以利于扩大销售。④ 努力疏通并增加新的流通渠道，扩大产品的销售面。⑤ 改变企业的促销重点。例如，在广告宣传上，从介绍产品转为树立形象，以利于进一步提高企业产品在社会上的声誉。⑥ 充分利用价格手段。在成长期，虽然市场需求量较大，但在适当时企业可以降低价格，以增加竞争力。当然，降价可能暂时减少企业的利润，但是随着市场份额的扩大，长期利润还有望增加。

3. 成熟期的营销策略

（1）市场修正策略

市场修正策略是指通过努力开发新的市场来保持和扩大自己产品的市场份额。① 通过努力寻找市场中未被开发的部分，例如，使非使用者转变为使用者；② 通过宣传推广促使消费者更频繁地使用或每一次使用更多的量，以增加现有消费者的购买量；③ 通过市场细分化，努力打入新的市场区划，例如，地理、人口、用途的细分；④ 赢得竞争者的消费者。

（2）产品改良策略

企业可以通过产品特征的改良来提高销售量。① 品质改良，即增加产品的功能性效果，如耐用性、可靠性、速度及口味等；② 特性改良，即增加产品的新特性，如规格大小、重量、材料质量、添加物以及附属品等；③ 式样改良，即增加产品美感上的需求。

（3）营销组合调整策略

营销组合调整策略是指企业通过调整营销组合中的某一因素或者多个因素，以刺激销售。例如：① 通过降低售价来增强竞争力；② 通过改变广告方式以引起消费者的兴趣；③ 采用多种促销方式，如大型展销、附赠礼品等；④ 扩展销售渠道，改进服务方式或者货款结算方式等。

4. 衰退期的营销策略

（1）维持策略

维持策略是指企业在目标市场、价格、销售渠道、促销等方面维持现状。由于这一阶段很多企业会自行退出市场，因此，对一些有条件的企业来说，并不一定会减少销售量和利润。使用这一策略的企业可搭配商品延长寿命的策略，企业延长产品寿命周期的途径有多种，最主要的有以下几种：① 通过价值分析降低产品成本以利于进一步降低产品价格；② 通过科学研究增加产品功能，开辟新的用途；③ 加强市场调查研究，开拓新的市场，创造新的内容；④ 改进产品设计，以提高产品性能、质量、包装、外观等，从而使产品寿命周期不断实现再循环。

（2）缩减策略

缩减策略是指企业仍然留在原来的目标上继续经营，但是根据市场变动的情况和行业退出障碍水平，在规模上做出适当的收缩。如果把所有的营销力量集中到一个或者少数几个细分市场上，以加强这几个细分市场的营销力量，也可以大幅度地降低市场营销的费用，以增加当前的利润。

（3）撤退策略

撤退策略是指企业决定放弃经营某种商品以撤出该目标市场。在撤出目标市场时，企业应该主动考虑以下几个问题：① 将进入哪一个新区域，经营哪一种新产品，可以利用以前的哪些资源；② 生产设备等残余资源如何转让或者卖出；③ 保留多少零件存货和服务以便在今后为曾经的消费者服务。

第六章 商业市场营销的策略创新

市场营销策略是把多种营销手段有主有次、合理搭配、综合应用的实施过程。本章分为产品策略创新、品牌策略创新、促销策略创新、网络营销策略创新、分销渠道策略创新和服务营销策略创新六部分。主要包括产品概念创新模式、产品营销环节创新、品牌创新策略、广告促销策略创新、公共关系创新等方面。

第一节 产品策略创新

一、产品概念创新模式

（一）调整或增减产品核心功能形成产品创新

调整或增减产品核心功能，使产品的核心功能能够更好地满足消费者的需求，从而实现产品的新用途，发现产品的新市场，形成产品创新。海尔“红薯洗衣机”的创新就是一个增加洗衣机核心功能的经典案例。1996 年，曾经有一个例子，四川某农民投诉洗衣机的排水管老是被堵住，后来发现农民用洗衣机洗红薯，但是服务人员依旧做出了处理并且尽力满足了农民的需求，农民对此十分感激，海尔人把这一点放在了心上。经过调查，他们发现，原来这位农民生活在一个“红薯之乡”，每年的红薯除自家食用和鲜薯外卖外，红薯在加工之前要洗干净，对于红薯而言，下面的泥土和根枝的清洗都十分费力气，在这种情况下，农民使用了洗衣机，根据后来的调查结果显示，不少农民都是这样做的，这也就导致了洗衣机的转机磨损壳体发热。农民用洗衣机夏天洗衣服，冬天洗红薯，使得海尔人产生了新的创意，现在的洗衣机不仅可以洗衣服，还可以洗红薯乃至海鲜。价格与一般的洗衣机相当。这种洗衣机一经推向市场，便得到了非常好的市场反响。

（二）有形产品与无形产品融合形成产品创新

1．增加配套产品或延伸产品，形成融合功效

对于有形产品而言，可以增加无形产品作为配套产品或延伸产品；对于无形产品而言，可以增加有形产品作为配套产品或延伸产品，以形成产品的融合功效，产生产品综合使用价值的创新。如在电影演出时销售爆米花，便是在提供电影这一纯粹的服务产品时以爆米花作为其配套产品较为成功的例子。

星巴克的成功则可以认为是有形产品作为服务产品的例子。1971 年 4 月，第一家星巴克咖啡厅开业，最开始星巴克只是售卖咖啡豆，但是后来开始售卖手工制作的咖啡，这一切都是由于店内的装潢吸引客人在店里品尝咖啡豆，在这种需求的条件下，造就了现在的星巴克咖啡。星巴克还不定时地举办关于咖啡知识的讲座，作为促销咖啡豆的手段，以利于消费者买回咖啡豆更好地冲饮咖啡。星巴克咖啡在几年内就开设了许多家分店。在 1982 年，星巴克有了转型的机会，霍华德·舒尔茨在一次喝咖啡时发现店内人满为患，但是服务人员依旧可以喊出客人的名字，这种细腻的服务促使了分店的开设。咖啡店装潢温馨舒适，为人们在这里相聚、谈事提供了良好的服务，给当地社区的居民提供了一种非常舒适的聚会场所。霍华德·舒尔茨看到这种景象后，觉得这种咖啡店生意在美国也一定会深受欢迎和大有市场。回到美国后，他在 1984 年开了一家特别的星巴克分店，这家店同时售卖咖啡豆和咖啡，这也是星巴克在此类店铺中的第一家店。星巴克成功了，成功的秘诀应该是一个系统的概念，不仅在于品牌战略、准确定位和独特品质，也在于星巴克所销售的不仅是咖啡，更是一种服务精神。

2．满足物质层面需求与满足精神层面需求融合

一个老太太卖苹果的故事，能够很好地反映满足物质层面需求与满足精神层面需求融合所形成的新的产品价值。寒冷的冬天有一个老人在情侣俱乐部的门口售卖苹果，但很少有人买，老人听从路人的建议，把苹果成双成对用丝绸包装好来吸引情侣的注意力，售卖所谓的“情侣苹果”，俱乐部中的情侣为了一个好彩头并且被这种新奇的方式所吸引，纷纷购买，这也就使老人的苹果被抢购一空。苹果只是多了一些附加服务，就变成了另外一回事。如果单纯卖苹果，仅能够满足人们对维生素等物质层面的需求，但是按“情侣苹果”来卖，既能满足情侣们对维生素等物质层面的需求，又能满足情侣们对“爱情”等精神层面的需求，满足物质层面需求与满足精神层面需求相融合，就产生了如此巨大的差异。

二、产品营销环节创新

（一）产品组合的创新

所谓产品组合，是指某一企业或公司出售的各种产品系列的组合，包括厂家生产的所有产品系列或经销部门经销的所有产品系列，也是指一个企业所经营的全部产品组合方式。

1．**产品组合的复合度**

这是对一个企业而言的产品组合的创新。

（1）同一产品形成两个以上的核心功能复合

一般来说，一种产品实体只具备一种核心功能，这也是我们在市场上见到的大多数产品的现实状况。如果能够在一种产品实体上同时实现两种或两种以上的核心功能，这两种核心功能可能是并行的；可能是一种核心功能为主，另一种核心功能为辅；可能是在一种场合一种核心功能发挥作用，在另一种场合另一种核心功能发挥作用；还可能是一种核心功能在该产品物理寿命续存期间发挥作用，另一种核心功能在该产品物理寿命结束之后发挥作用（如收藏价值）等。总之，一个产品复合的核心功能越多，其市场价值越大。当然，在核心功能复合的选择上，一定要注意“度”的限制，不要将一种产品变成“四不像”。同一产品形成两个以上的核心功能复合的例子会越来越多，如既能洗衣服又能洗地瓜的洗衣机、既能打电话又能看时间的手机、既能代步又能健身的自行车等。

（2）满足物质需求与满足精神需求的复合

物质需求是指人们对物质生活用品的需要；精神需求是指满足人的精神和精神活动的需要。与物质需求相比，精神需求是高一层次的需求。从马斯洛需求模型看：越是处于低层次的需求，越是以物质满足为主，以精神满足为辅，主要以有形的制造业产品辅以无形的服务业产品来满足这种需求；越是处于高层次的需求，越是以精神满足为主，以物质满足为辅，主要以无形的服务业产品辅以有形的制造业产品来满足这种需求。随着人们生活水平的日益提高，马斯洛需求模型所展示的五个层次的需求，其需求的满足都会大大提高门槛，而且物质需求与精神需求的界限日益模糊，对既能满足物质需求又能满足精神需求的产品，其要求越来越高，需求的数量越来越多，形式也越来越多样化。因此，企业必须在产品组合的优化与调整中注意产品满足物质需求与满足精神需求的复合，形成产品创新，以适应市场需求的变化。

消费者精神需求体现的领域广泛，内容多且复杂，会随着时间及其他条件的变化有很大的动态性，受各种消费环境变化的影响较大，有较强的个性化特征，并且难以从个体消费者的消费表现等外在行为上准确地加以判断。例如，人的自尊需求，如发挥自己的潜能、精神上的娱乐、自尊和被尊重、自我实现等；认知需求，如好奇心、探索欲、神秘感等；审美需求，如秩序性、对称性、圆满性、协调性等；个性化需求，如个人风格、个人爱好等。满足精神需求的产品和满足物质需求的产品是不同的。满足物质需求的产品强调的是产品的物质实体本身，反映的是一种自然层面的人物关系；满足精神需求的产品强调的却是附加在物质产品上的信息、关系、潮流、荣誉等虚化的因素，这些因素能对人们的心理（精神）有所关联、有所触动、有所变异、有所调整，并且能够引起他人的感知及关注，反映的是一种社会层面的人际关系。满足物质需求与满足精神需求的复合，要求企业必须能够制造出凝聚着满足消费者精神需求因素的产品，不能很好地满足消费者精神需求的企业，无论其产品质量如何高，在今天的市场上都无法获得巨大的收益。

在原本是满足消费者物质需求的产品中加入满足消费者精神需求的要素，就能使这样的产品复合体价值倍增。如单纯的吃饭，吃的饭菜是最常见的满足消费者物质需求的产品，其本身的价值不是很高，但吃饭一旦成为请客的饭局，与自尊、社交等形成联系，吃饭就变成了不仅是满足吃饭人的物质需求，更是满足吃饭人精神需求的事情，所以价值会极大地提高。

2．企业间合作丰富产品线

这是对多个企业而言的产品组合的创新，也就是说，企业产品组合有时也可以，而且必须借助于外界的资源在联合的基础上形成。企业虚拟化经营、企业战略联盟等多种企业合作的形式，以及在知识经济形态下，企业由过去单纯地强调竞争，转向竞争与合作并存，由单赢变双赢甚至多赢的经营理念，使这种企业间合作丰富产品线成为可能；各种经营资源的稀缺性，企业占有资源的难度越来越大，代价越来越高，以及企业经营需要培育核心竞争力的经营要求，使这种企业间合作丰富产品线成为必要。

企业间合作丰富产品线可以通过多种形式实现，如制造企业（工业制造业、农副产品生产制造业）之间合作丰富产品线、制造企业与服务企业之间合作丰富产品线、制造企业与商业企业之间合作丰富产品线、服务企业与商业企业之间合作丰富产品线、商业企业与商业企业之间合作丰富产品线等。在企业的经营实践中，企业间合作丰富产品线的例子很多，形式多样化。如一家餐馆与一家经济型酒店合作，餐馆向酒店提供住宿者的早餐，丰富了餐馆服务产品线。

（二）变营销对象为营销伙伴，变销售产品为销售盈利模式

把梳子卖给和尚是营销界流传甚广、类似脑筋急转弯的一个案例，讲述的是如何把一件按照常规思维不可能做到的事情变为可能（可行）。这个案例可以有多种解读，也可以很好地说明如何变营销对象为营销伙伴、变销售产品为销售盈利模式。

第二节　品牌策略创新

一、品牌的内涵及其扩展

（一）品牌的内涵

1. 品牌的定义

（1）一般意义上的定义

品牌是一个名称、名词、符号或设计，或者是它们的组合，其目的是识别某个销售者或某群销售者的产品或劳务，并使之同竞争对手的产品和劳务区别开来。

（2）作为品牌战略开发的定义

品牌是通过以上这些要素及一系列市场活动而表现出来的结果所形成的一种形象认知度、感觉、品质认知，以及通过这些而表现出来的客户忠诚度，总体来讲，它属于一种无形资产。所以，这时品牌是作为一种无形资产出现的。

2. 品牌内涵的四个维度

（1）知名度。知名度是指某种品牌被社会公众认识和了解的程度，或者说是这个品牌在市场上有多少人知道及知道些什么。它是一个“量”的衡量指标。

（2）美誉度。美誉度是指某种品牌被社会公众信任和赞许的程度，是品牌得到社会公众“好评价”的度量。它是一个“质”的衡量指标。

（3）忠诚度。忠诚度是指客户对该品牌用实际购买的行为进行维护的程度，最终表现为该品牌的市场表现。

（4）信誉价值。品牌的信誉价值是指某一品牌在某一时点（年度）上的市场竞争力。它反映该品牌所处的地位。

（二）品牌内涵的扩展

1. 品牌内涵由“单元”向“多元”扩散

如果说品牌一开始的含义（所具有的功能）就是一种商品的名字，则品牌的内涵演化到了今天，其含义（功能）越来越丰富、越来越多元，而且这种多元化的趋势不会完结，会一直演化下去。品牌初始的作用相当于在消费者头脑中形成一种无形的识别器，能够使消费者快速、准确无误地甄别所选购的产品，帮助消费者在选购商品时迅速做出购买决策，节省时间与精力。

2. 品牌内涵由“实”向“虚”扩散

品牌内涵由“单元”向“多元”扩散的同时，就伴随着品牌内涵由“实”向“虚”扩散，品牌的本质越来越多地向诸如形象、属性、价值、文化、个性、归属等反映消费者精神层面状态、价值及偏好等的要素偏移和扩散。

消费者对品牌认识与识别的最初阶段分为两个过程：第一个过程是联系和扫描的过程，也就是消费者在看到一个品牌之后，会将品牌的价值主张和表现与自己内心需求放在一起进行对比、分析，如果二者相一致，消费者就会主动和品牌建立联系，这是消费者对品牌的第一个认识与识别过程。这是一个非常复杂的思维活动过程，融合了意识空间的发散、联结、释义、延伸，其基础深受消费者经历影响，其比较的基础以实物形态的要素居多。第二个过程是情感的归宿、寄托和体验过程。在这个过程中，消费者通过意识空间的发散、延伸、释义等思维活动去与品牌主张和品牌表现进行连接，进行识别品牌主张和品牌表现与自己的兴趣、情感、期望等精神层面的标准是否相关、相近、相默契，而这种相关、相近、相默契是消费者对品牌产生联系的基础，也是产生情感归宿和寄托的体验基础，而这种情感的归宿、寄托和体验则来源于人们意识空间和心理方面对品牌的领悟和感受，更多地反映了消费者精神层面“虚”的成分，即品牌情感。

品牌情感是品牌在审美层面表现出来的文化意蕴，可以从感觉、情绪方面对消费者产生影响，促使消费者与品牌建立起紧密联系。正是因为有情感交流，所以品牌可以融入消费者的日常生活，与消费者产生紧密联系。情感从精神层面为品牌成长提供了有效的支持与助力，为企业发展提供了消费者驱动力。现如今，面对激烈的市场竞争，仅凭品牌和服务，企业已无法吸引新的客户群，拓展新的市场，甚至无法维持现有的市场份额。企业要想拓展市场，就必须以精神力量，也就是品牌情感为支撑，实现吸引新的消费群体、拓展新的市场份额的目标。

（三）品牌的价值

1. 品牌价值的源泉

毫无疑问，品牌价值对大多数购买决策具有重要的影响。这里有两个方面的原因：首先，对大多数购买者来说，要在技术合理的基础上选择有竞争性的产品十分困难，不仅耗费时间，而且代价太高，每天所要做的大量决定、技术变革的步伐、可选竞争替代品的数量，还有铺天盖地的广告和销售信息都意味着购买者要寻求安全的捷径。有声望的品牌给消费者提供了信心，让消费者可以减少选择的风险性和复杂程度。其次，人们购买品牌既有情感方面的因素，也有功能方面的原因。人们购买奔驰车既表明个人身份，也作为交通工具。同样，大多数手表都能非常可靠地告诉人们时间，所以，功能在选择过程中所起的作用相对较小。人们购买品牌来炫耀他们的生活方式、兴趣、价值或者财富，消费者会选择他们认为能满足其“需要”的品牌。

品牌的价值主要来自以下五个方面的内容。

（1）使用经验

如果一个品牌在多年的正常使用中一直提供良好的服务，它就会获得熟悉和确认可靠这一附加价值。相反，一个品牌在使用中经常让人不能满意，或者由于没有提示，消费者未能采用一种正常的使用方式，那么就将导致该品牌无法获得这些正面的影响。在20世纪七八十年代，英国的摩托车和汽车工业由于与德国和日本的竞争同行相比缺乏可靠性，而遭受了品牌的衰退。

（2）使用者的联想

品牌通常从其使用者中获得一种形象。广告和赞助商通常将品牌与有魅力的名人联系起来以传递一种有威望或成功者的形象。在消费者测试中，购买者可以很熟练地描述出那些喝卡凌黑带酒（Carling Black Label）、开沃尔沃轿车或者买劳力士手表的人们。

（3）功效信任

在很多情况下，只要消费者信任一个品牌，那该种品牌的产品通常都能有效地为他们服务。在药品、化妆品甚至复杂的高科技产品中，对品牌的信任都是在使用中产生满意的结果。功效信任是通过对比评估、消费者协会的排名、行业认可及报纸评论等建立起来的。

（4）品牌外观

品牌的设计通过提供一种质量暗示，能很明显地影响人们的喜爱程度。

（5）制造商的名字和声誉

很多时候，把一个大公司的名字（如索尼、家乐氏、惠普）与一种新产品联系起来，就能传达一些积极的联想，从而提供信心，鼓励尝试。

2. 品牌价值的衡量

有很多研究方法可以帮助经理们了解消费者是怎样认知品牌的。对于工业品和服务行业，这些方法都很直接。但对于消费品，投射式的面谈技巧有时更有用，消费者通常不愿意或没办法解释清楚推动他们选择品牌的内在感觉和动机，所以研究人员只能间接地来谈论这些话题。最常用的投射式方法有以下内容。

（1）自由联想。要求消费者提供一些他们在看到一个品牌、品牌名字或商业口号时很自然联想到的词语。接下来再进行讨论，以发现品牌产生这些联想的原因。

（2）图片印象。让消费者解释品牌产生作用的场景。在一个例子中，一个男人正在读一本邮购目录，他的太太站在旁边正在发表意见。要求答题者想象一下那位太太针对那本目录正在说什么。这种方法使我们认识到，当消费者在谈论自己的感受时会感到不自在，但当他们把感受投射到别人身上时则不会那么拘束。

（3）假设品牌是人。要求答题者将品牌假设成一个人，并描述它的个性：结论通常能揭示品牌的认知个性和引起的联想。

（4）动物、活动和物品。要求消费者将品牌与一些动物、汽车或树联系起来，同样，这种特定的联想能揭示消费者是怎样认知品牌的。

（5）品牌使用者喜欢什么。让答题者描述一下各类品牌的典型使用者，目的是揭示品牌选择背后的隐藏需要和动机。

（6）品牌的相似性与差异性。为了确定选择的标准，要求答题者识别品牌的差异。一种方法就是让消费者将一对一对的品牌根据相似点排序。然后通过计算机运用缩放的技巧就可画出一幅市场的图表。

运用这些方法完成消费者认知的评估后，管理者将制定品牌定位战略——规划要建立怎样的品牌形象。例如，让它成为有“声望”的象征（如劳斯莱斯）、“物有所值”的象征（如丰田）、“环保”的象征（如美体小铺）、“高科技”的象征（如惠普）。在制定定位概念时，管理人员要记住两个标准：首先，要让它独特，使它与市场上别的竞争者品牌明显地区分开来，否则，消费者为什么要选择它？其次，独特的优势必须被目标细分市场认定为相关的和想要的。

二、品牌创新策略

（一）品牌创新

品牌创新可以表述为：企业依据市场变化、企业发展不同阶段的发展目标和条件、环境变化及市场竞争态势，特别是消费者需求的变化，在技术创新、设备创新、材料创新、产品创新、组织创新、管理创新以及市场创新的基础上，实行对品牌识别要素新的组合、品牌的营销传播新的组合等，并希望消费者能够认知一个在原有品牌基础上的新因素、新形象、新理念、新发展。

品牌创新是为了打破品牌固有的形象，推动品牌形象更好地发展，让品牌形象与消费者的心理预期相契合，从功能与情感两个方面满足消费者的需求。品牌之所以要创新，主要原因在于消费者审美疲劳。从消费者的角度来看，任何一个品牌形象都需要不断地推陈出新，才能保持消费者对品牌的关注度和忠诚度，否则审美疲劳会使消费者对一个长期没有变化的品牌失去兴趣；市场竞争是品牌创新的外在压力，在大浪淘沙、不进则退的市场竞争中，长期没有变化的品牌很容易被消费者怀疑该企业的发展能力，怀疑品牌的市场价值“现值”的发展趋势；科技进步推动了品牌创新。现如今，在迅猛发展、持续创新的科学技术的推动下，产品能实现有效创新，行业能实现更好的变革，科技的这种革新必然需要品牌不断创新来实现。因此，从这个意义上讲，品牌创新是品牌策略的永恒主题。

（二）知识经济条件下的品牌创新

1. 变品牌竞争为品牌体系的竞争

（1）品牌体系的含义

品牌在现今的市场竞争中，无论是企业品牌的建设、品牌的市场功效及其发挥的作用，还是品牌在消费者心中的形象，都已经从单一的品牌向品牌体系转换。品牌体系是指品牌按照构成品牌各要素之间特定的逻辑关系，影响品牌的各因素之间的联系组合而成的整体或系统，品牌体系强调的是品牌的立体化、整体化和复合化。

（2）品牌体系的构成

由于品牌体系是品牌按照构成品牌各要素之间特定的逻辑关系、影响品牌的各因素之间的联系组合而成的整体，这种逻辑关系及联系都是多维度的，因此，品牌体系也是多维度的。

1）产品品牌、企业品牌和企业家品牌的“三合一”。对企业建设品牌来说，品牌通常分为产品品牌和企业品牌。产品品牌就是以该企业某种产品名称命名的品牌；企业品牌就是以该企业的名称命名的品牌。从现代企业打造完整的品牌体系的要求看，一个完整的品牌体系由三部分构成，一是产品品牌，二是企业品牌，三是企业家品牌，即品牌的“三合一”。产品品牌和企业品牌是企业品牌建设体系中两个相辅相成的元素，缺一不可。产品品牌是企业品牌的微观基础和条件，企业品牌是产品品牌的宏观表现，没有产品品牌的企业品牌是不存在的，没有企业品牌的产品品牌是不长久的。产品品牌和企业品牌在市场上的表现有很强的一致性：消费者可以从对企业品牌的信赖延伸到对产品品牌的信赖，进而做出产品购买决策，也可以从对产品品牌的信赖延伸到对企业品牌的信赖。这样一来，企业品牌与产品品牌就可以相互呼应、影响，前者为后者提供保障，后者为前者“锦上添花”。因此，企业要同时做好产品品牌和企业品牌的塑造，二者缺一不可。

对于产品品牌和企业品牌的创建来说，企业家品牌发挥着极其重要的作用。从某方面讲，企业家形象构筑了企业形象，是其中非常重要的组成部分，企业形象从一定程度上展现了企业家形象。企业价值观形成的基础就是企业家价值观，企业品牌与个性集中展现了企业家风格。企业家用其经营理念、企业文化、用人理念等因素塑造、创新品牌效应，对企业品牌功能发挥更大的促进和提升作用。知名企业家自身具有一定的知名度和美誉度，是企业的无形资产。知名企业家参加各种社会活动，频繁出现在社会公众面前，就是在为品牌打广告。与产品品牌或企业品牌的不同之处在于，企业家品牌的效应是由“活生生”的人来直接体现的，与消费者沟通会更直接、更具象、更亲切、更人性化。

2）产品品牌、企业品牌与城市（区域）品牌的“三合一”。知识经济加快了世界经济全球化和网络化的发展，不仅使产品间、企业间的竞争越发激烈，而且使城市间、区域间的竞争也日益激烈，并且竞争不断升级。每个城市（区域）不仅为资金、技术、人才、市场而竞争，而且为注意力、声誉和品牌而竞争。品牌竞争是城市（区域）竞争的制高点，品牌优势是城市（区域）的关键竞争优势。城市（区域）品牌是一个城市（区域）在推广自身城市（区域）形象的过程中，根据城市（区域）的发展战略定位所传递给社会大众的核心概念，并得到社会的认可。城市（区域）品牌包含的内容很多，当然经济层面的内容很重要。反映城市（区域）品牌经济层面乃至社会层面基础的支撑要素便是其所属的产品品牌和企业品牌，是其优势领域所聚合的品牌集群。同时，当今市场上产品或企业间的竞争也都深深地印上了城市（区域）的烙印，城市（区域）品牌的因素已经成为产品品牌或企业品牌的重要构成要素，产品品牌、企业品牌与城市（区域）品牌的“三合一”，打造竞争的格局已经十分明显。所以，产品品牌、企业品牌的创新必须与城市（区域）品牌的创新相协调、相一致，对城市（区域）品牌创新形成支持；城市（区域）品牌创新必须统领、引导产品品牌、企业品牌的创新，形成系统性的品牌集合，在城市（区域）产业集群的基础上打造品牌集群，发挥品牌规模效应。

2．强化消费者在品牌定位及品牌价值增值过程中的互动性

（1）品牌的定位取决于消费者的认知

一个品牌的成功建立，以及品牌良好、准确、清晰的市场定位，最终需要并表现为消费者对其产生心理认同、好感，并产生以消费该品牌产品为安全的心理预期，以消费该品牌产品为荣耀（高兴、舒服等）的心理情结，变成消费者消费心理的“代言品牌”；一个品牌市场价值的实现及增值，最终需要并表现为消费者在其所能关联到的消费群体中，能够经常地、自发地产生维护该品牌形象的行为，形成持续不断地购买该品牌产品的行为。品牌的本质意义，从产品品牌层面来讲，品牌是企业与消费者沟通过程中产生的。品牌不仅属于企业，更属于消费者，在某种意义上说，品牌代表了消费者的一种生活方式、一种精神模式。也只有当企业所希望传递给消费者关于品牌的内涵、属性及定位被消费者真正有效地接受，并变成自觉的认知，形成与消费者自身价值体系的高度契合，形成品牌属性相对于消费者消费心理的归属感，这样的品牌定位才算成功。所以，品牌形象的塑造和市场定位，不仅取决于企业的主观理解、认识及努力，更取决于消费者进行的品牌内涵定义、消费者的认知和感悟。这是一个伴随消费者消费品牌产品的长期的互动过程，在互动中企业和消费者互相作用、互相融合、互相“借力”。在这种互动中，品牌的知名度越高、对社会生活的影响面越大、与消费者生活的关联性越强，其消费者所起的作用就越重要，常常起决定性作用。

（2）消费者消费方式的创新，丰富品牌价值的内涵

品牌的价值及增值来源于消费者对该品牌的忠诚，体现于消费者持续不断地对该品牌产品购买的行为，以及在消费该品牌产品过程中所感受到的品牌产品对于消费者物质

和精神层面需求的满足感，尤其是这种满足感以各种方式和途径在消费者群中的展示、组合、变异及扩散。消费者在持续不断消费某品牌产品的过程中，通过不断创新消费的方式、消费的意识、消费的组织形式等，可以促进和丰富这种满足感在消费者群中的展示、组合、变异及扩散，进而不断地丰富品牌价值及增值的内涵，这不仅能够提升品牌的价值，更能够提升品牌的品质。也正是从这个意义上讲，不仅产品品牌的价值，甚至产品的价值，都应是消费者创造的。

消费群体能够提供给成员的价值包括：① 信息价值。通过成为社群成员获得非成员无法获知的信息。② 自我认同价值。有利于消费者表达自我、强化或改变形象识别。③ 体验价值。参与社群活动获得品牌体验。④ 社交价值。消费者是社会人，有社交需求，通过产品品牌的媒介形成的社交群是更纯洁的社交群，更能发挥社交给人们带来的精神层面的愉悦。

第三节　促销策略创新

一、广告促销策略创新

（一）新型市场营销理念对广告促销的启示

1. 社会营销理念对广告促销的启示

菲利普·科特勒认为："社会营销是设计、执行、控制的方案，是希望使目标团体接受社会的某些理念、思想或措施，它是通过对市场的细分与组合、消费者行为的研究、概念的演变与沟通、动力效应、诱导机制、交换原理等手段，使目标团体利益的最大化。"同时，他还强调可持续发展的社会营销战略，一切以消费者的需求为中心，更注重社会利益，其中，无论是消费者短期的需求，还是消费者长期的需求，力争满足，特别是在世界人口迅速增加、资源匮乏、贫富差距越来越大、环境污染、生存空间受到威胁……一系列社会问题频现的情况下，企业更应该勇敢地站出来，妥善地处理好消费者利益、消费者需求和社会长期利益之间的矛盾。企业进行的这种营销方式也是人们经常说的生态营销，或人道主义营销，更以人为中心而不是利益。

随着社会营销理念的不断更新发展，广告作为塑造品牌的必然手段必须与时俱进，根据新兴的营销策略和营销手段做出对应的调整，找到更好的广告营销策略，不断尝试新的、更合适的广告形式，以便将广告中的关键因素刻在受众脑海中，达到广告营销的真正目的。

2．体验营销理念对广告促销的启示

体验营销理念的重点在于“体验”二字，就是消费者在与品牌产品或品牌接触的过程中，通过用、看、听、参与等手段刺激消费者的情感、行动、购买欲等感性和理性的因素，让消费者体会到品牌的魅力，进而喜欢这个品牌并且产生一次又一次的购买交易。体验营销理论出自《体验经济》一书，当时大家对这个观点议论纷纷。书中认为，随着全球经济逐渐转变成体验性的经济活动，越来越多的经济活动喜欢将“个人体验”嵌入其中，因此品牌营销也要相应地提供个性化体验服务，将个人的情感纳入广告促销中，才能为品牌吸引无数“回头客”。

3．差异化营销理念对广告促销的启示

差异化是各个企业、各种营销理念最具竞争力的因素，是区别于其他同行竞争者独有的个性化优势，这些差异化会给企业带来巨大的价值。正如菲利普·科特勒的观点：“差异化是企业所独有的，能赢得竞争者的市场份额的东西，树立差异化的过程就是建设有价值、有意义的差异”。广告促销的差异化理念可以从服务、人员、渠道、形象和产品五个方面树立。

（二）知识经济条件下广告创新的条件

1．湿营销催生变革

湿营销理论来源于克莱·舍基的《未来是湿的：无组织的组织力量》。湿营销理念中的“湿”不是我们现在所理解的气候的湿度，如气候变暖引起的全球变暖，而是指能建立起人与人之间湿乎乎的交际关系的社交软件，如微博、微信、QQ 等。这些社交软件缩短了人与人之间的距离，让人际关系更具体、更有人情味、更现实化，构造了更具意义的社交圈。随着互联网的普及和人们对社交软件的依赖度越来越高，基于火热的社交软件构建起的湿营销理论被越来越多人认可。湿营销就是在社交软件上进行营销，根据社交软件的聚集效应集中投放广告，让社交软件的用户愿意购买并分享品牌的产品，从而实现宣传和营销的目的。在新媒体盛行的时代，这种利用消费者主动参与营销的湿营销方式有利于形成品牌的聚集效应。

2．广告效果可测量

如今新媒体时代已经到来，新媒体技术与各项信息技术融合不断优化了新媒体的传播方式渠道，并和用户形成很好的互动。比较常见的是，新媒体能对用户实现实时监测，检测用户近期的需求和最关注的东西。网络广告营销利用新媒体也能通过采集用户数据，根据他们的回复、评论、留言、点击、关注等互动性的数据监测网络营销的效果，以便及时找到最好的营销模式。这或许将改写广告界的那句名言：“我知道我的广告费至少浪费了一半，但我不知道究竟浪费在哪里”。

3．点对点传播，精准投放

随着传媒技术的日新月异，传播媒介不断扩展和延伸，从传统的大众纸质媒介，如报纸、广播、电视，向广播电视为主的电子媒介和以手机、无线网络为主的第五媒介发展。其中传播方式从大众化发展转为针对化发展，越来越重视不同需求用户的个别属性。因此，以传播媒介为主要手段的广告营销也在发展改变，从大众迈向个性化，在以社交网络、手机等新媒体的传播中尤为明显，广告营销针对这些新媒体实现了点对点的传播，根据不同用户的需求和关注度高低，为他们推送精准的广告宣传。

（三）知识经济时代的广告形式及其特征

1．手机广告

手机最早是一种通信工具，实现人与人之间的远距离沟通。随着信息的不断进步，手机被赋予了越来越多的功能，从 2G 时代的便携式电话终端到 3G、4G、5G 时代集生活、娱乐、工作、沟通于一体的工具，人类与手机的关系越来越密切，是人们影子一般的存在。手机作为一种信息媒介，传播方式从短信到基于网络的互动，甚至人们只需要可以联网的 3G、4G、5G 手机便可以实现人们生活中的大部分需求。而且基于手机已经形成了一系列的利益产业链，如各种 App、手机支付，因此基于手机的广告营销方式，即无线营销是一片“蓝海”，吸引一批又一批广告主不惜投入巨资达到更高效率的广告传播。无线营销拥有保存简单、低成本、互动性强、私密性强、精准定位和传播速度快等特点。随着移动支付时代的到来，手机广告是未来网络营销的必然趋势。

2．搜索引擎广告

在互联网时代，人们足不出户便能知天下事，互联网已经成为人们获取资讯的手段之一，其中 90% 以上的人善于利用互联网上的搜索引擎获取自己所需的信息。因此，搜索引擎成为互联网上使用用户最多、关注度最高的工具之一，是决定网站的点击量、访问量的重要因素，越来越多的营销策略把关注度集中到搜索引擎上。其营销方式主要是通过用户进行关键词搜索，将广告放在搜索结果页，按收费来排名每一项、每一页搜索结果显示，用户一般会优先选择排名较前的搜索选项。这种营销方式有两种收费特点：竞价分配，在同行竞争之间尤为常见，价格更高的排在前面，点击量更高；按点击量多少收取费用，这种搜索引擎广告在各大搜索引擎网站都比较常见，如百度、谷歌等。

二、公共关系创新

（一）知识经济时代必然带来公关手段的信息化

在经济全球化时代，产业结构得到调整，互联网逐渐普及，信息技术日新月异，以沟通联络为代表的科学技术飞速发展，跨国企业、跨地区等远距离企业之间通过信息网络建立起近距离的联系。如波音公司和福特公司，它们可以通过信息网络实现供应商和生产商之间几乎是面对面的交流。

对于公关工作来说，信息技术是其传播的关键渠道，信息技术的发展提高了公关的传播速度。信息技术作用于公关，可以实现：首先，网络没有时间、地点的限制，在网上进行宣传、销售同样不受地点、活动范围、时间的限制，客户能随时接收到企业的产品、服务和广告宣传；其次，随着互联网的普及，渗透进一代又一代人的工作和生活中，网上贸易必将成为贸易活动的主要方式；最后，信息技术的发展极大地推动了信息的传播速度，只要登录互联网，一切信息应有尽有，了如指掌。

（二）经济全球化必然带来公关对象和工作活动的国际化

所谓经济全球化，是指各个国家和地区充分发挥自己的相对优势，以促进世界经济的发展。在经济全球化的背景下，信息技术和科学技术飞速发展，跨国公司如雨后春笋般兴起，并发挥了重要作用，冲击了此前世界范围内的经济模式，新的产业结构出现。

在经济全球化的背景下，企业之间的经济活动都是跨国进行的，不再是一个国家的单独买卖，更涉及国际交易，如信息咨询、买卖交易、商务谈判、协调办理、策划公关等经济活动，都必须在各国公司之间进行，或者在国家与地区之间进行。总而言之，在经济全球化的背景下，许多经济活动都要在国际范围内展开，这直接改变了经济活动面对的受众和范围。例如，福特公司的老板只要待在底特律总部，就能决策全球福特汽车的贸易、销售、生产和宣传，其公关人员的工作活动也只需要待在总部便能与世界各国的合作企业沟通完成。波音公司也是如此，它们的飞机零件的生产商和供应商可以是来自全世界 70 多个国家或地区的企业，波音公司的总裁只需要坐在西雅图的办公室里就能和这么多国家和地区的企业进行合作，同时它们的公关人员也可以在西雅图总部与全球范围内的合作企业进行商务洽谈、贸易往来。在经济全球化的发展态势下，公关活动范围和对象不断扩大，让各国、各地区之间的商业往来越来越密切。

（三）信息国际化必然带来公关理论和实践的进一步更新

在新时代下，人们对公关有了更深的理解，公关理论也要随着时代的变化和人们的理解水平的提升不断变化，公关实践也要适应技术手段、传播手段的更新。这对研究公关理论的学者们提出了新挑战，他们不能再用以往的公关理论、模式和技巧来应对当今时代的公关事件，应该从横向和纵向两个方面为公关理论增添新的生命力，按照信息技术和传播手段的变化发展适当地修改和完善公关学。

企业在传统意义上的公关是“推”式的，有时甚至造成由于过量的公关而给客户带来冗余繁杂的筛选与接受负担。而在新媒体发展时代，互联网以一种“拉”式态度出现在人们的面前。

第四节　网络营销策略创新

一、网络营销的概述

（一）网络营销的定义

网络营销的实质是以计算机互联网络技术为基础，通过与消费者在网上直接接触的形式，向消费者提供良好的产品和服务的营销活动。可以再进一步定义为：网络营销是企业整体营销战略的一个组成部分，是建立在互联网基础之上，借助于互联网特性来实现指定营销目标的营销手段。网络营销是具有跨时空、多媒体、快捷、经济等优势的整合新方式。

由于互联网不受时间和空间的限制进行信息交换，使企业与消费者之间更自由地达成交易，企业可以 24 小时随时随地向全球提供营销服务。互联网被设计成可以传输多媒体的文字、声音、图像等各种信息，使得达成交易的信息交换可以多种形式进行，可以充分发挥营销人员的能动性和创新性，在网络上企业可以随时更新营销服务的内容，使企业营销随时富有变化性，通过变化来吸引消费者。

网络营销不仅是一种技术手段的革命，同时还是包含了更深层次的观念革命，它是目标营销、直接营销、分散营销、消费者导向营销、双向互动营销、远程或全程营销、虚拟营销、无纸化交易、消费者参与式营销的综合。同时我们还要认识到，网络营销不是网上销售，网上销售是网络营销发展到一定阶段产生的结果。网络营销的效果是多方面的，如发布信息、沟通消费者、提升品牌等，实现网上销售目的是网络营销的一项基本活动而已。

网络营销建立在传统营销理论基础之上，因为网络营销是企业整体营销战略的一个组成部分，网络营销活动不可能脱离一般营销环境而独立存在，网络营销理论是传统理论在互联网环境中的应用和发展。

（二）网络经济的发展

21 世纪是信息社会时代，科技、经济和社会的发展正在迎接这个时代的到来。随着计算机网络的发展，信息社会的内涵有了进一步的改变，并被称为网络信息时代。在信息网络时代，网络技术的发展和应用改变了信息的分配和接收方式，改变了人们生活、工作、学习、合作和交流的环境，企业也必须积极利用新技术变革企业经营理念、经营组织、经营方式和经营方法。20 世纪 90 年代，飞速发展的国际互联网（Internet）促使网络技术应用呈指数级增长，在全球范围内掀起应用互联网热，世界各大公司纷纷借助互联网提供信息服务和拓展业务范围，积极改组企业内部结构和发展新的管理营销方法，抢搭这班世纪之车。

目前信息技术的发展，特别是通信技术的发展，促使互联网成为辐射面更广、交互性更强的新型媒体，它不再局限于传统的广播电视等媒体的单向性传播，而且还可以与媒体的接收者进行实时的交互式沟通和联系。

随着互联网作为信息沟通渠道被运用于商业，互联网的商用潜力被挖掘出来，显现出巨大的威力和发展前景。网络营销的效益是使用网络的人数的平方，随着入网用户数量呈指数倍数增加，网络效益也随之以更大的指数倍数增加。据 IDC 的统计，2009 年年底网络上直接进行的交易额达 380 亿美元，借用网络促成的交易额就更大。

此后，随着企业网站数量和上网人数的日益增加，各种网络营销方法也开始陆续出现，网络营销进入了快速发展时期。纵观企业营销观念的演变史，最具革命性的进步意义就在于突出消费者利益和走向世界。而利用互联网进行的营销活动——网络营销恰恰迎合并突出了这种特征，它直接、高效、低成本地实现了营销观念的两大主要目标，因此，网络营销必将成为 21 世纪营销的重要形式。

（三）网络经济对传统营销的冲击

1．传统的营销观念不能适应现代生产方式的变化

营销观念的产生总是基于一定的生产方式与消费方式，若片面强调营销观念对生产的指导作用，而不对生产方式对市场营销观念的决定性作用加以研究，那将是一种因果倒置的思维。工业经济时代的营销观念，从生产观念到市场营销观念，都是服从于大规模、标准化这一生产方式的。从根本上说，这些营销观念只有适应、支持并帮助这一生产方式实现其应有的规模效益，才能成为主流的营销观念，并得到当时企业界的认同和运用。以信息化为基本特征的网络经济已经深刻地影响着生产方式，工业经济时代的营销观念越来越显得与这种新型生产方式不符。具体来说，表现在以下几个方面。

（1）工业经济时代的营销观念与现代企业战略管理理念不符

现代企业的战略管理重点是培养和发展能使企业在未来市场竞争中居有利地位的核心竞争力。在战略管理过程中，企业应首先考查现有资源和核心竞争力及其在适当市场机会中的价值，然后确定这种机会与能力的差距，最后做出如何弥补差距的战略决策。核心竞争力应具有充分的用户价值、独特性和延展性，应能为企业打开多种产品市场提供支持。传统营销强调的是产品组合（如 4P 的扩展），而网络经济时代则注重资源组织，以打破资源型障碍、提高核心资源和竞争力优势。作为战略，传统营销理论强调单一企业的自身产品营销，在网络经济的生产方式下，营销主体——企业则往往以联合的身份出现，即由几个企业各自提供具有核心竞争力含义的产品，从而共同构成一个面向用户

的产品，因而这种强强联合（如微软公司与英特尔公司的联合）将在市场营销中占据越来越重要的地位。

（2）工业经济时代的营销观念与全球化的生产方式不符

全球化依托信息化的发展，自20世纪80年代以后在发达国家迅速发展起来，跨国公司是全球化经营的先锋，目前人们普遍认为全球化经营可以带来三个方面的好处，即增加市场份额、提高价格水平（消费者得到的价值增加）和对地方竞争对手造成压力。这种全球化经营方式的兴起给企业营销提出了众多有挑战性的课题：对不同国家消费需求的预测，如何适应不同国家文化环境、法律环境；如何克服贸易壁垒，顺利使产品进入不同的国家；在营销管理上，如何实现国际化；等等。面对这些问题，许多国家的企业都准备不充分。

2．传统的营销理论不能完全适应网络经济条件下的消费方式

（1）工业经济下的市场营销理论无法满足个性化需求

新的营销观念要有满足人的内在需求的必然性，就必须实现个性化需求。在工业经济时代，消费者并不能真正地、直接地表达其消费需求，消费者个体需求信息必须被进行加工、整理，以符合批量生产的要求；如果达不到批量生产的要求，消费者需求就无法得到满足，或者消费者只能付出更高的代价来得到该种产品。这一规律是工业经济时代的生产水平决定的。传统市场营销实践只能帮助生产企业完成这种行为，而无法真正满足消费者的个性需求。例如，消费者在市场上买到的服装是否合意，主要看该消费者的身材是否最接近于服装所要依此加工的模特儿，也就是说，单一消费者只能作为某一服装加工企业的市场定位中所确定的总体中的一个样本。按照统计学原理，个体差异会随着统计整理的进行而逐步减小以至消失。另一个典型的事例是消费者的审美追求也得不到足够的尊重与满足，生产者、商业经营者并非天然不尊重消费者对美的追求，而且，从当代的营销理论来看，消费者的需求是企业的中心。但是，在工业经济时代，如果要满足多样化的审美需求，势必导致成本的大幅度上涨。因此，生产企业在设计产品时，对审美的追求也只能根据统计的原则来进行。在市场细分中，将收入、职业、宗教、审美等差异很大的指标进行规范化并加以综合，用科学的眼光来审视这种综合的逻辑，显然是错误的。但是，在现实与经济学理想之间的一个巨大差异是，在现实的经济活动中，生产者、商业经营者控制了更多的资源，凭借这些资源，以各种媒体作为载体，消费者被引进了生产经营者所设计的对美的定义。

（2）工业经济下营销理论无法满足消费者的最大需求

在工业经济时代，由于大规模生产的发展，一方面，大大增加了消费者选择商品的可能性；另一方面，专业化分工的结果使工商分工越来越细，商业获得了空前的发展，消费者在商业的不断发展中获得了一些便利，但是，这也可能导致消费者寻找、挑选成本的提高，消费者为比较产品之间的微小差别所花的时间和金钱在增加。这与满足消费者最大的需要之间产生了矛盾，而这一矛盾在工业经济时代是无法克服的。

二、网络营销的方式

（一）网络直复营销

网络营销是一种直复营销。所谓直复营销，是指不通过分销渠道，而是利用可相互交流的媒体，企业与消费者连接；同时企业与消费者之间是互动的，消费者对这种营销努力有明确的回复，企业可以统计这些明确的回复数据，由此对其营销努力进行评价。直复营销通过为每一位客户创造一条直达营销者的通道，便于双方的交流与沟通，同时由于互联网的极速与便捷，客户们可以直接向对应的营销者传递信息，表达需求，同时得到大量的产品销售后的服务。同样地，营销者也能够通过互联网对客户进行访问，了解自身的不足，借此改善自身的服务质量，提升服务的水平。

（二）网络软营销理论

网络营销和工业经济时代的强势营销观念不同，网络营销的针对性、人本性更强，它强调一种软营销理念，即在营销时，企业需要更加重视客户的感受与消费体验，改变营销者单方面的、强势的营销活动，而是提供主动性的客户。这两者的根本不同就在于营销活动中的主动一方发生了转变。正是互联网使得客户心中的主动需求得到了实现。要想让这种主动成为可能，企业就需要在互联网上提供足够的企业以及产品服务的信息，给客户充分的心理预期和评估途径，驱使客户让其以自主的个性化需求来做出实际的消费活动。当客户开始消费活动时，营销者就需要积极主动地为客户提供进一步的服务，满足客户的进一步需求。

三、网络营销的创意

（1）战略创意。所谓战略创意是指从经营模式上进行较大的创新，与其他行业竞争者区分开。

（2）细节创意。实现战略创意，对于企业来说只是完成了万里长征的第一步。战略创意的实现是为企业营销打开了一个窗户，让更多的可能性有了呈现的空间。但战略创意不等于企业就拥有了超越对手甚至行业时代的资本，因为所有创意最终要呈现到细节，让企业客户感受到细微而舒适的变化。

（3）叠加创意。如果说战略创意很难，细节创意很烦琐，那么对于企业来说，实现叠加创意的难度应该是比较低的，因为所谓叠加创意就是将有趣的事情进行“混搭”，把A的创意点和B的创意点进行交叉，形成独特的创意。叠加创意运用在网络营销当中，比较常见的就是新概念的提出及产品功能的定位。

（4）逆向创意。逆向创意在网络营销当中的使用频率也非常高，其方向性特别明显——当别人都在做这样一件事时，我必须强迫自己思考往其相反的方向去做是否可行。这种创意模式往往能够取得夺人眼球的效果。

四、网络营销的战略计划

（一）明确网络营销的战略目标

网络营销活动需要最终做到的效果以及目的就是网络营销的目标。目标的确定需要对当前的经济环境、企业的实际情况进行正确的评估，而且还需要结合企业的经营策略、企业的经营目标。所以，网络营销目标的确定经过企业中的决策管理层、策略管理层以及业务操作层等多方营销参与者的参与和研讨。具体的网络营销目标主要有下面几类。

（1）服务型目标。该目标指的主要是将网络联机这一服务提供给广大的客户，这样客户就能够通过提供网络来了解产品服务、获取指导以及售后服务等。

（2）拓展型目标。该目标指的是企业通过互联网的互动、经济以及实时快捷的特性来减少营销的支出。具体通过建立产品服务网上销售网点，可以全天候地为客户服务，这有利于增加效率，提升营销活力与竞争力。

（3）品牌型目标。该目标指的是通过在网络上的一系列活动，如广告等来建立优秀的品牌形象，带动品牌效应，同时改善网络客户联系服务质量，牢牢把握客户，这有利于企业的持续发展。

（4）混合型目标。该目标指的是结合上述的多种网络营销目标，在实际营销活动中一方面要建立优秀的品牌形象，另一方面还要提升营销效率、扩宽营销途径，通过营销目标以及方式的结合来提升企业的综合竞争力。

（二）选择网络营销的战略模式

1. 留住消费者型

这是一种留住消费者，增进与消费者的联系，以及最终提升企业获利能力的网络营销战略模式。

互联网具有信息丰富、高度的自主选择以及企业与客户双向交流的特点，这就说明了互联网是一种很好地与客户沟通交流的工具。在网络营销过程中，企业作为营销者应该为客户提供最好的服务，借此来使自身的品牌形象得到提升，这也能够带动客户对品牌建立起长久的忠诚度。建立起忠诚度的客户一方面会不断地购买该企业的产品与服务，另一方面也会带动身边的亲朋好友来购买该企业的产品与服务。这就能够推动企业品牌形象的进一步提升，同时还能够为企业带来高额的利润，推动企业占领市场。

2．刺激消费型

这是一种有的放矢地向消费者提供实时、有效的信息来刺激消费的网络营销战略模式。

企业可以在互联网上通过互联网的信息传递与交流的功能对客户进行产品与服务的新信息推送，同时依据客户的兴趣方向适时、定点投放新的服务以及产品资料等。在很大程度上，这能够有效地对客户的消费行为进行刺激和引导，增加企业产品和服务的营销量。

3．降低成本型

互联网具有虚拟性，正是因为其虚拟性，在网络上进行营销活动的支出在很多方面只需要现实实体营销的很少一部分。直复营销就是很好的例子，它能在很大程度上减少营销的成本以及营销当中的管理支出，这是在企业层面。在客户层面，直复营销还能方便客户，客户只需要在家中轻点鼠标就能完成消费活动，不仅节约了时间成本，还节省了大量的体力和精力的消耗。这对于满足客户需求，增加企业的盈利意义重大。

五、网络经济下的市场营销策略

（一）转变市场营销观念

在网络经济下，使得企业市场营销手段应更加多元化，才能满足现代消费者的个性化需求，从而推动企业发展。首先，必须转变营销观念。广泛收集市场相关信息，统计并分析客户的消费需求，在了解客户的需求之后，将其投入到生产当中，和产品相结合，创新出新的产品，才能使产品最大化地满足客户的需求，提升他们的满意度，这样才能更好地促进企业市场营销的发展与进步。同时在网络经济下，客户才是主体，在市场营销过程中，应考虑到网络具有交互性和实时性等特点，注重以客户为中心，分析客户的心理特征，和他们建立起长期合作的关系，只有这样才能真正了解他们想要的。其次，主动提供优质服务。由于在网络经济下，信息传递十分迅速快捷，在一定程度上企业的产品和服务在实体上存在的差异已逐渐被淡化了，面对竞争激烈的市场环境，企业应注重大力改善服务态度和营销环境，致力于提升服务质量，从而提升客户的满意度，进而提升自身的竞争优势。

（二）建立合作型的竞争关系

在网络经济下，消费者对产品的要求越来越高，需求越来越多，企业必须进行营销模式转型，和其他企业建立合作型竞争关系，拓宽销售渠道，保证产品的质量高，且能满足更多消费者的需求。在这种情况下，营销模式转型的关键就是生产技术，企业和其他企业建立合作关系，共同开发新生产技术，提高产品质量，从而提升企业利润。通过合作型竞争关系，能充分调动员工的积极性，提升企业的核心竞争力，还能提供更加全面、更具个性化的服务。当市场不需要这种关系时，也可自行解除这种关系，不会对企业造成经济损失。这种互利共赢关系使合作企业之间均能在市场中获益。

（三）建设网络平台，创新促销策略

在网络经济时代，企业的市场营销方式发展越加多样化，给企业营销带来了新机遇。网络营销成本较低，企业可以借助网络打破地域的限制，高效且低成本地将企业产品远销世界各个角落，大大提升了营销效益。广大消费者可以随时随地买到极具个性化的商品，满足消费需求。企业也可以通过网络平台在第一时间将企业的产品展现出来，消费者只需浏览网站就可以获知企业的核心产品信息。尤其是现代网络技术发展越来越快，体制也越加完善，企业均需建立属于自身的网络平台，建立独立网站，为企业带来更多的效益。

第五节　分销渠道策略创新

一、信息技术对分销渠道的影响

（一）信息技术对渠道终端的影响

1．沟通方式的创新

（1）微博

微博作为网络时代的一种重要营销渠道，从一诞生起就被先天赋予了特殊的优势，那就是直观高效、传播迅捷、受众广泛，并且推广精准。描述产品的图片、视频、文字、链接等被企业发布在微博上，通过有效的运作就可以非常快的传播速度被大范围地推广。相比传统媒介及载体，微博有时更具有影响力。微博的所有者与关注者是博主与粉丝的关系，他们建立的传播者与受众的信息往来，往往能达到产品宣传推广的良好效果。微博的互动会形成一张具有连接、从属、权力、控制、利益和信任等属性的人际关系网络。这张网络既有社会政治意义，也有商业价值，成为一种基于人际关系的信息、资源、交流和分享的传播平台。微博自诞生到快速发展，从作为新生事物到被网民广泛接受并使用，用时不长，但对我国传统宣传载体以及媒介的影响是巨大的，改变是积极的。它打破了以往媒体单向传播，受众被动接纳的固有模式，令传播者和接收者在一个信息通畅、

互动迅捷的平台上实现高效的信息交流。微博的重要意义在于它有一个意见领袖，有研究说微博中的粉丝是以 45° 仰角在仰望着那个你关注的人。人人都以 45° 仰角望着信息的来源，层层向上，就形成了一个金字塔的结构。Yahoo Research 调查结果表明，信息的来源主要是名人、博主、媒体机构代表以及其他正规团体和普通用户代表。

同时，微博具有信息筛选功能。就像传统中间商对产品进行筛选，以方便消费者购买，微博的粉丝们接收到的信息也都是经过筛选的，45° 仰角的关系又增强了粉丝们对所接收信息的信任度。由于这种信息筛选效果是靠着人际系统所达成的，因而比传统搜索引擎依照技术计算出来的更有人情味。微博这一社会媒体具有信息传播、筛选功能，尽管现有的微博是以人为单位，而不是以组织为单位，组织依然要利用好微博这一渠道。企业可以在微博上用话题、搜索、群组、私信、关注等耐心地从海量的碎片信息中寻找本企业的目标客户，用对话、知识、问候、奖励、活动等粘住目标客户，利用数据挖掘和数据梳理鼓励用户用口碑、转发、聊天等工具，提升忠诚客户的参与能力，成为目标客户群的意见领袖。

（2）社交网络

社交网络（SNS）的发展非常类似于马斯洛的人类需求五层次。存储（storage）就是社交网络中用户的最低需求，而且有约 2/3 的人群就仅仅停在这一阶层。他们只要求 SNS 网站可以简单地存放自己的照片、文件及收藏的网址。不过每个社交网站都有一定的目标客户，而且网站不仅有与联系人保持联络的基本用途，还有助于获得新客户、留住老客户，与客户群体交流沟通。全球最大的创新办公空间解决方案供应商雷格斯（Regus）进行的一项全球调查显示，44%的中国企业利用社交网络成功获得新业务。这些渠道可以让组织知道消费者对本企业产品和服务的态度，并给予消费者参加公司活动的机会。因此，社交网络在中国已经成为企业拓展业务的主要渠道。

2. **消费者行为方式的变化**

具有购买力和需求的人构成了市场，因此，消费者是市场营销的主要关注对象。他们的举动对营销活动都有重大影响，渠道作为营销策略的一部分，其构建也是围绕着消费者进行的。

目前，消费者行为模式已从传统的 AIDMA（attention interest desire memory action）模式发展为 AISAS（attention interest search action share）模式。AISAS 模式指注意、兴趣、搜索、行动和分享。与 AIDMA 模式相比，AISAS 模式强调了互联网时代下搜索（search）和分享（share）的重要性。这两个特性充分体现了互联网对于人们生活方式和消费行为的影响与改变。在知识经济时代，消费者决策模式也发生了很大的变化。

2018 年 1 月 31 日，中国互联网络信息中心发布的统计报告显示，截至 2017 年 12 月，我国网民规模达到7.72亿，普及率达到55.8%，超过全球平均水平（51.7%）4.1个百分点，超过亚洲平均水平（46.7%）9.1个百分点。我国网民规模继续保持平稳增长，互联网模式不断创新、线上线下服务融合加速以及公共服务线上化步伐加快，成为网民规模增长的推动力。根据分析，网站、网页、移动互联网接入流量与App数量等应用发展迅速，互联网商业模式不断创新，移动支付使用不断深入，互联网理财用户规模增长明显。国内上市互联网企业超百家，市值接近9万亿元，网络广告市场进一步成熟，市场结构更加趋于稳定。截至2017年12月，我国手机网民规模达7.53亿，网民中使用手机上网人群的占比由2016年的95.1%提升至2017年的97.5%。手机成为网民搜索和分享信息的重要工具，搜索和分享的都是信息，因此，这两个特性的变化也就是信息传递方式的变化。在传统经济下，信息的传递方向是单向层级式的，传递的媒体主要就是电视、报纸、杂志等。信息技术的发展和网络的普及使得信息的搜索和分享更加方便，尤其是社会媒体的出现，改变了人们接收和传递信息的方式。手机、微博、社交网站等新兴媒体对传统的电视、报纸等有很大的冲击作用。

（二）信息技术对渠道关系的影响

信息技术能够减少信息搜索成本、企业间的协调成本以及交易合同的监控成本，采用信息技术协调方式可以减少交易行为的不确定性。信息技术是减少企业间协调成本的有力工具，并能够提高企业间的整体绩效。一旦建立起了准确、高效、富有针对性的交互渠道，将会使得企业间的信息交流、业务往来的效率明显提高，真正实现大数据背景下的共赢。

在营销观念还处于产品或推销导向时，渠道之间的关系主要是交易关系，渠道中制造商占主导地位，拥有的渠道权力也较大。随着营销理念的创新和市场竞争的日益激烈，消费者购买行为对渠道的影响越来越重要。而一直以来，都是中间商与消费者直接接触，掌握了大量的消费信息，因而在渠道中的权重也不断增强。在知识经济时代，信息及知识的重要性日益凸显，有研究表明，均衡的渠道关系更有利于中间商向制造商的知识转移。

二、知识经济条件下的分销渠道策略创新

（一）培训渠道成员

选择中间商后，需要对渠道成员进行培训。大部分经（分）销商自身的综合素质及可聚集资源相对有限，基本上存在着经营管理不善的状况；有许多开明的经（分）销商已清醒地认识到了自身的这些不足，却又不知所措；而企业往往拥有远比经（分）销商丰富的人力资源。因此对经（分）销商进行培训既是中间商的要求，又是企业自身发展

的需要，也能更好地提升本企业产品的市场竞争力。

其培训的主要内容包括：① 提供技能和新技术；② 改掉不良习惯；③ 培养团队精神和合作精神；④ 公司政策和制度培训；⑤ 内部管理。

（二）激励渠道成员

1. 直接激励

直接激励指的是通过给予中间商物质、金钱的奖励来激发中间商的积极性，从而实现公司的销售目标。例如，为了应战格兰仕掀起的新一轮微波炉价格大战，美的一改往常的做法，将眼睛盯在了经销商身上。美的一掷千金，投资3000万元，购买了奔驰、宝马、奥迪 A6 等 83 辆奖励车，并承诺送 120 家优秀经销商出国深造。投入 3000 万元奖励经销商，其力度连经销商自己也颇感意外。一位奥迪 A6 的得主说："谁也没想到会有这份奖励，当初的合同中并没有这个说法。不用说美的的销售量还会攀升。"

直接激励主要有以下几种形式。

（1）返利

在制定返利政策时一定要考虑到如下因素。

1）返利的标准。一定要分清品种、数量、级别、返利额度。在制定返利政策时，一要考虑对手的情况，二要考虑现实性，三要防止抛售、倒货等。

2）返利的形式。是现价返，还是以货物返，还是二者结合，一定要注明；货物返能否作为下月任务数，也要注明。

3）返利的时间。是月返、季返，还是年返，应根据产品特性、货物流转周期而定。要在返利兑现的时间内完成返利的结算，否则时间一长，搞成一笔糊涂账，对双方都不利。

4）返利的附属条件。为了能使返利这种形式促进销售，而不是相反（如倒货），一定要加上一些附属条件，如严禁跨区域销售、严禁擅自降价、严禁拖欠货款等，一经发现，取消返利。

在现实中会遇到这种情况，返利标准制定得比较宽松，失去了返利刺激销售的目的，返利太大造成价格下滑或倒货，等等。因此在执行中，一是在政策的制定上要考虑周全；二是执行起来要严格，不可拖泥带水。

（2）价格折扣

价格折扣包括：① 数量折扣。经销数量越多、金额越大，折扣越丰厚。② 等级折扣。中间商依据自己在渠道中的等级，享受相应的待遇。③ 现金折扣。回款时间越早，折扣力度越大。④ 季节折扣。在旺季转入淡季之际，可鼓励中间商多进货，减少厂家仓储和保管压货。进入旺季之前，加快折扣的递增速度，促使渠道进货，达到一定的市场铺货率，以抢占营销先机。⑤ 返点折扣。根据提货量，给予一定的返点，返点频率可根据产品特征、市场销货等情况而定等几种形式。

（3）开展促销活动

一般而言，生产者的促销措施会很受分销商的欢迎。促销费用一般可由制造商负担，也可要求分销商合理分担。生产者还应经常派人前往一些主要的分销商那里，协助安排商品陈列，举办商品展览和操作表演，训练推销人员，或根据分销商的推销业绩给予相应的激励。

生产者开展促销活动时要注意以下几个问题。

1）促销的目标。很多人认为促销就是增加销售额，这样说太笼统，不便于执行考核，一定要明确销售额多少、增加二批多少、渗透终端店多少等。

2）促销力度的设计。设计促销力度，一要考虑是否刺激经销商的兴趣；二要考虑促销结束后经销商的态度；三要考虑成本的承受能力。很多企业都是拿利润来促销，一促销，销售额便提高，促销一停，销售额就下降，怎样都没有利润。

3）促销的内容。是搞赠品，还是抽奖、派送甚至返利，促销内容一定要吸引人。

4）促销的时间。什么时间开始，什么时间结束，一定要设计好，并让所有的客户知道。

5）促销的考评。为了保证促销效果，一定要对促销效果进行考评。一要督促经销商认真执行；二要从中总结经验教训。促销考评结果要存档备案。

6）促销费用的申报。这是很多企业滋生贪污腐败的温床，因而要严格申报。申报时一定要上报促销方案、实施情况、考评结果、标准发票、当事人意见，只有这样才能保证促销费用的有效使用。

7）促销活动的管理。促销活动在正常营销工作中占有很重要的位置，无论是公司统一组织、统一实施，还是分区组织、分区实施，从提交方案、审批、实施到考评，都应当有一个程序，从而确保促销活动的顺利进行。

2．间接激励

间接激励是指通过帮助中间商获得更好的管理、销售的方法，从而提高销售绩效。在市场机制日益成熟的今天，直接激励的作用在不断地削弱。在当前竞争白热化、残酷性日趋突出的市场上，营销方法正在超越产品力、超越品牌走向营销首席。因为理智的经销商们今天对真正独特且行之有效的营销方法的渴望，已经远远高于他们对所营销产品的利润空间和厂家广告费的追逐。他们深知没有一套行之有效的营销方法将产品卖出去，再大的利润空间、再多的广告投入都不行。所以，制造商们越来越意识到间接激励的重要性。

间接激励通常的做法有以下几种形式。

（1）帮助经销商建立进销存报表、做安全库存数和先进先出的库存管理。进销存报表的建立，可以帮助经销商了解某一周期的实际销售数量和利润；安全库存数的建立，可以帮助经销商合理安排进货；先进先出的库存管理，可以减少即期品（即将过期的商品）的出现。

（2）帮助零售商进行零售终端管理。终端管理的内容包括铺货和商品陈列等。通过定期拜访，帮助零售商整理货架，设计商品陈列形式。

（3）帮助经销商管理其客户网来加强经销商的销售管理工作。帮助经销商建立客户档案，包括客户的店名、地址、电话，并根据客户的销售量将它们分成等级，并据此告诉经销商对待不同等级的客户应采用不同的支持方式，从而更好地服务于不同性质的客户，提高客户的忠诚度。

（4）伙伴关系管理。从长远看，应该实施伙伴关系管理，也就是制造商和中间商结成合作伙伴，风险共当，利益共享。

近年来，营销渠道的作用正在逐渐增强，渠道合作、分销商合作、商业合伙、战略联盟变得日益普遍。合作关系或战略联盟表述了一种在制造商和其渠道成员间的持续的相互支持的关系，包括努力提供一个高效团队、网络或渠道伙伴联盟。

三、分销渠道策略创新

（一）营销渠道长度的创新

渠道的长度结构也称为渠道的层级结构，是指渠道的层级数量的多少。通常情况下，它可分为零级渠道、一级渠道、二级渠道及三级渠道等。每一行业因其行业操作过程、市场特性及其他因素的限制，渠道长度并不完全相同。

渠道长度的创新也就是减少或增加渠道的层级。由于渠道层级的多少与分销成本在最终产品价格中的比例正相关，为了缩减成本，提高企业的盈利能力和市场竞争力，在满足终端用户的基础上，企业一直在追求着渠道的扁平化。而信息技术的不断进步为实现企业的这一目标提供了可能，使得各类信息在企业内部的交流和使用更加高效，使用范围更加广泛，随之带来的效益也更加显现。

（二）营销渠道广度的创新

渠道的广度结构是指企业使用多种渠道的组合，即企业根据消费者行为的特点，进行长渠道和短渠道的结合、宽渠道与窄渠道的结合。随着网络技术的发展，第三方网络平台越来越成为渠道设计时的重点考虑对象。目前，主要的渠道组合模式有水平整合渠道模式和垂直整合渠道模式。

1. 水平整合渠道模式

水平整合渠道模式有两种形式：零售商在进行线下销售的同时，进行网络平台销售；终端用户既作为最终消费者，又同时兼有中间商的角色。

零售商网上销售额占总销售额的百分比在持续上升，不仅大部分新生企业对线上销售特别重视和依赖，而且越来越多的传统领域和企业也在紧跟时代的脚步，参与到互联网线上营销的“大战”中。实践证明，要避免被淘汰的命运，企业必须抓住时代的脉搏，拓展多样化的销售渠道，线上与线下结合，优势互补，才能有效规避经营风险，创造更大的利润空间，实现企业的稳定、长远发展。麦肯锡资料显示，采取多种渠道，如网络购物与实体店购物相结合的消费者，要比单一方式购物的消费者的支出金额高出数倍，并且互联网在人们生活中越来越普及，接受程度越来越高，大宗消费品购置比例呈上升趋势，不仅在零售业中的比重越来越高，而且对人们的消费习惯以及生活的影响日趋明显。

国美、苏宁这些电器零售企业也开始了网上销售和实体商店两种销售模式。国美于2010 年 11 月收购了库巴，开始了其网上销售之路。2011 年 4 月 20 日，国美正式推出了其旗下的电子商务网站，即国美网上商城，全力推进电子商务业务的发展。消费者同时具有中间商角色的水平整合渠道模式中，做得较好的是凡客诚品。凡客达人是凡客诚品的一个社区化营销平台，凡客达人们无须为发货、物流等环节烦恼，仅需按照自己喜爱的风格随意搭配凡客的各种服饰。这里凡客达人既是凡客诚品的最终消费者，也是中间商，他们主要承担渠道中的信息流和促销流。

2．垂直整合渠道模式

与传统营销渠道中生产者、批发商和零售商相互独立不同，为了挑战传统的营销渠道中的各利己因素，垂直营销系统逐步建立起来，成为新形势下渠道发展的特殊现象。以往传统营销渠道中的各方都是各自为“阵”，以自身利益最大化为最终目标，有时不惜损害整个系统的利益。而垂直营销系统则不是这样，这个渠道中的生产者、批发商和零售商是一个利益同共体，它们之间可以相互交叉拥有他方的产权，避免或者有效解决在生产经营活动中产生的利益冲突，维持一种内部的平衡、高效，以实现各方利益的最大化。

第六节　服务营销策略创新

一、服务产品的创新

服务作为无形化的产品，一方面，可以独立地提供给消费者，如信息产品、教育培训产品等；另一方面，服务更多地可以和有形产品结合在一起。在这种情况下，服务产品的创新与实体产品的创新结合得更加紧密。

设计是产品和服务创新的开端。产品中的服务因素凝结在产品设计中的客户需求当中，这一服务因素同时也是一项创新的方法。服务企业通过建立、完善与销售捆绑的服务体系，在销售的各个阶段为用户提供全方位的服务，同时服务项目还需要推陈出新。咨询、指导以及培训等服务当中有些部分会随着时间的增加被吸收到产品当中，其中没有被吸收的属于创新的成分，才是真正的服务的内容。这就说明了服务不是静止不变的，服务需要更新以确保其保持自身的品质。

二、服务流程的创新

服务的性质之一是生产与消费的不可分离性，基于这一特性，服务创新中的最为重要的步骤就是服务流程的创新。服务流程对于服务的生产率意义重大，要想使服务流程的创新不断进步，需要将服务企业当中的各个环节和部门都能够统一到服务流程中，需要创造性地规划服务业务流程，绘制流程图。流程图可以将服务企业当中的每个部门、环节以及各个员工的服务工作流程进行程序化的明确，使服务企业中的每个部分都能有具体的参照。同时流程图还有利于企业的自省与自我改进，其重要性不言而喻，服务流程创新是服务营销创新的关键步骤。

三、服务技术的创新

通常情况下，一个先进的服务理念的落实，一项创新的服务项目的实施，客观上都需要有相应的设备和技术的支持。从整体的方面来看，服务技术方面的创新最终的目的就是使得人类的需求得到最大限度的满足，它是一项软技术，具体可以分成两类，即物质产业软技术以及文化产业软技术创新活动。从企业微观角度来看，企业服务技术的创新主要是引入支持服务项目提供的制度和技术，卓越的技术和严谨的制度是消费者感受、认识服务质量的重要依据。在服务生产中运用标准化技术，能够使服务生产的质量和产量十分稳定，同时能够克服诸多人员服务在时间和空间上的种种限制。

四、人力资源的创新

企业提供的服务产品和服务项目质量的优劣是与提供服务人员的素质密不可分的，所以，在企业服务营销创新过程中，人力资源的创新是基础和根本。服务人力资源要想创新，关键是要使得人力资源的素质得到提升。因为在服务营销中，员工的素质是重中之重，它包括了服务的态度、服务的意识以及服务的具体技能，如果员工有很强的服务意识和先进的服务理念，必然会提升消费者所感知的服务质量，带来倍增的服务效果。员工的优秀服务技能对于满足客户的需求、提升客户对于产品服务的满意度以及服务的效果意义重大。服务企业能够通过一系列的措施来提升员工的素质，在招聘、培训和各项激励手段以及企业理念中都应该渗透有素质优先的意识，使员工具备良好的服务理念、丰富的服务知识、先进的服务技能。另外，在提高服务员工素质的基础上，要给员工放权，使其能够有一定的自主控制的权力。好的服务是企业能够在市场竞争中取得优势的关键，所以企业要增强对客户的吸引力，而这当中的关键就是给予员工一定的自主控制权，使其在和客户交流的过程中能够做到一定程度的自主决策，提升服务的灵活程度，增强员工在现场服务环境中的反应能力，提高服务质量，这样的员工才能更好地吸引客户，使客户满意。

五、消费者管理的创新

企业向消费者提供服务的过程也是消费者体验和感知企业服务产品的过程，因此，在进行服务创新时，既要进行企业服务产品的创新，也要进行消费者管理的创新的双重创新。在消费者管理的创新中，加强消费者期望的管理是一个关键点，要结合合理的约束消费者期望和无条件的服务理念。最大限度地给消费者提供其需求，才能获得消费者的满意，才能在市场竞争中赢得消费者的货币选票，但还要注意一点，就是不能在策略的实施上太过死板，必要的合理约束好客户的产品期望值是有意义的。同时要知道，客户对于产品的期望值和产品的质量的感知同样重要，两者在客户的眼中相当时，消费者是满意的；当消费者对企业服务产品所感知的品质高于消费者对服务产品的期望值时，消费者是格外满意的；当消费者对企业服务产品所感知的品质低于消费者对服务产品的期望值时，消费者是不满意的。所以，当企业服务产品所感知的品质是不变的前提下，消费者的满意与否通常取决于消费者对服务产品的期望值。因此，企业对于员工对于客户的承诺以及自主权方面也不能过度地放任，不然会导致客户的期望值过高，最终可能会得不偿失。这两者的关系需要谨慎且正确地进行处理，企业需要认真对待。消费者管理创新中的另一个关键点是对消费者参与服务过程的管理，鼓励消费者积极参与服务过程不但能增加消费者消费的主动性，提升消费者的体验价值，而且还能节省服务的劳动量，在同样的条件下，能够使更多的客户需求得到满足，提高服务的效率，是一个双赢的策略选择。

企业在进行服务营销创新时，首先要找到上述创新的切入点，然后可以一个或同时以几个切入点展开，在此基础上还要进行服务营销策略的创新。

第七章　商业市场营销模式

第一节　商业模式的市场营销意义

在现阶段信息技术飞速发展的时代背景下，商业模式的形成成为必然现象，同时现代网络技术发展迅速，多种形式的企业运行模式也出现了层出不穷的发展态势，这在一定程度上为投资者提供了多种选择的方式。商业模式属于新时代科技发展下的重要产物，在当前信息技术不断更新发展的过程中形成了多种新型企业模式，由此为顾客创造了更多的投资选择与商业价值。在这个时代的发展进程中，商业模式的形成与发展是十分相符的。当前多种商业模式都在逐渐成熟的过程中，同时很多商业模式的发展空间还很广阔，并具备着一定的吸引力。

一、商业模式的基本概述

1．商业模式的概念

商业模式主要是指对企业中客户的相关信息，以及企业发展进程中的内部设计、合作企业的信息等多种要素综合整理。现代商业模式在本质上来说就是经济实践的过程，这个实践的过程包含着企业中所有运作流程，并且也涵盖了多种企业的资源与运行模式。从另外的角度分析，商业模式是一种对关于活动内容的外在表现，并且体现出一致性的特征。

2．商业模式的组成部分

（1）在企业发展的进程中最重要的就是体现存在的价值，并且创造出专属的目标体系，这个过程就确定了相应的企业价值主张。它的主要形式就是体现在对客户的服务过程中，在这个过程中向客户展示属于企业的产品，并且有针对性地分清客户是谁等问题，通过相关问题的逐一发现，明确企业产品诞生的整个流程，包括采购过程、生产过程等，将这些流程赋予到传递流通的过程中。企业所执行的价值主张能够完全符合企业价值的创造历程，并将其完全应用于企业的发展，从而体现出合理的逻辑。

（2）在企业发展过程中最重要的就是创造应有的价值，因此需要在企业中投入一定的资本，但是在企业未进行投入资本时就没办法实现企业价值的提升，由此判断企业资源组合的重要性，重在将属于企业的人力、物力、财力等通过专业的方式进行有机整合，以保证实现企业发展进程中需求最高的资源组合。

（3）企业在市场经济行列中发展，始终呈现出一个动态的趋势，特别是在发展过程中一系列的活动可以被重复运作，运作流程是企业发展进程中最重要的环节，在这个环节中企业首要完成的任务就是实现市场的实际需求，并积极向社会提供所需要的服务，专注于打造企业的良好形象，以提升企业资本为目的，从根本上完善价值创造的整个过程。在运作流程中，企业的管理人员应该及时将现有的资源进行整合，并且重视不断重复的过程，以便产生运作的流程。

二、创新商业模式的重要意义

当前社会主义市场经济持续发展的状况使得传统形式的商业模式已经脱离了时代的需要，特别是在发展的过程中体现出较大的局限性。因此应该重视创新改革的意义，针对现有的商业模式做出及时调整，借助先进手段及时创新商业模式的发展，在这个过程中，市场经济的发展可以为企业带来良好契机。现阶段众多企业的发展过程中普遍存在的问题就是面临着重大的经济改革，但是商业模式仍旧维持着原有的步调，并没有在新时期创造出应有的新姿态。首先从党的领导方向上分析，国家仍旧处于转型的阶段，所以想要更好地为国民经济发展做出贡献，就应该适时地推动企业转型的步伐，通过国家在市场经济中的主导地位，结合现阶段企业始终保持的商业模式分析，企业的发展结构没有跟随时代发展进行优化与改革，因此违背了不断发展的意图。出现这种情况的原因就是国家经济管理始终处于粗放型的管理模式中，商业模式无法得到及时的创新。此外，随着众多企业在近年来的发展状况，基本采用了较为科学的绿色经济商业模式，但是这种模式仍旧处于一个磨合期，这为商业模式的进一步转型创新提供了条件。对商业模式进行改革创新是指企业应该结合市场经济的现状情况，在不断总结并分析传统商业模式的基础上，对企业的构成要素进行合理区分，与现阶段企业的经济发展出发点相融合，在坚持科学方式引导之下对企业的所有资源进行有效整合与规划，从而给社会的发展贡献力量并创造更多的价值，逐渐将企业的发展结构完善。目前，市场经济的竞争仍旧激烈，企业的发展面临巨大的挑战，如果想要立于不败之地，就应该及时转变观念，对发展结构与模式进行合理的创新与完善，同时为了更好地适应现阶段的发展需要，要及时对企业中的机构进行合理调整。

三、商业模式中的市场营销

1．环境分析

商业模式中的市场营销应该结合环境来做合理的分析，保证可以实现商业模式的社会价值。在企业发展中，市场周边的环境因素需要进行合理调查，并且针对环境因素中出现的问题适当地制定相关措施，同时拟定出更加完善科学的营销策略，为企业发展的进程注入新鲜活力。企业发展的过程还受到了宏观环境及内部竞争、客户评价等要素的影响。从微观的角度分析，政治、文化以及经济、社会等都对市场营销起着或多或少的影响，微观环境中主要是市场内的竞争环境、技术的优劣程度、企业未来的前景等。现阶段的商业模式，营销分析的方法着重阐述了 SWOT 分析方法等五种方式，这几种商业模式下的市场营销分析方法可以从社会、生活、政治、经济等各个方面进行深入分析。

2．延展性发展

营销模式的变化能够准确地反映市场经济的发展状况，并且能够引导企业发展做出相应的变化，由此可见，在营销延伸变化中存在着多个方面的内容，包括主体、客体以及目标等。通过分析商业模式，能够发现这些内容存在着紧密的联系，并且体现出一致性的特征，特别是在商业模式的指引下，企业的市场价值能够在市场营销过程中将企业与客户之间的关系处理妥当，商业模式的概念能够集中反映市场营销的主要内容与各种要素，这种明显的对照可以反映营销的价值，同时也可以准确地分析营销的表现。总之，市场营销就是商业模式的手段。

四、创新的意义

社会经济的飞速发展，也让市场营销的定位发生了翻天覆地的变化，特别是营销模式由传统变为绿色营销，经济的发展为营销市场提供了重要的基础，并且在商业模式中可以实现不断的创新与发展，同时也可以承接传统的理念推陈出新，使市场营销的内涵更为丰富。从这个角度分析，创新商业模式的营销方案可以更好地适应经济社会的发展趋势并体现出积极意义。商业模式从宏观的角度上进行科学模式的建立，并且重视科学技术的力量，保证可以将企业的基本要求进行整合，将其投入运营模式中，对提升企业竞争力，掌握由点到面的动态发展趋势有着极大好处。

商业模式是企业实现市场营销的重要因素，同时也是推动国家经济实力的重要力量，为市场营销带来了勃勃生机。随着当前市场营销的科技化趋势发展，能够切实看到企业中市场营销的价值体现，这源于商业模式的不断创新与发展。

第二节　市场经济条件下商业企业市场营销的新特点和策略的合理选择

在我国市场经济条件下，市场体系得到了全面发展和完善，各大商业企业自身的管理制度和运营体制也得到了改革与创新，不仅使企业拥有了更新的营销内容，而且有助于确保企业顺应时代发展，符合新时期的市场需求。新时期商业企业市场营销除了会囊括营销活动全过程，其内容也会得到持续提高和充实，而消费已经成为当前市场营销的中心，企业需要深入挖掘消费者和市场的潜在需求，从而确保自身的营销定位更为精准。

一、市场经济条件下商业企业市场营销的新特点

（一）营销囊括商业企业各种活动的全部内容

从本质上来看，市场营销属于群体与个人经由创造以及他人、群体通过交换价值与产品来满足欲望和实际需求的一类社会管理过程。对于商业企业而言，市场营销属于其商业职能的一种，相应的工作人员需要衡量、确定其大小，同时确保企业全体人员都应当具备时刻为顾客着想，为其提供相应服务的理念。所以，市场营销除了属于商业企业的基本职能之一，更是企业各类活动的所有内容，其对于商业企业的经营发展有着至关重要的作用。

（二）营销内容得到持续提高和充实

在我国的市场经济条件下，市场营销的相关内容与理论将会伴随生产力发展以及商业企业外部、内部环境的持续改变而得到有效的提高和充实。我国市场经济制度的构建充分改变了商业企业市场营销的模式和环境，其主要体现在微观与宏观两个层面。

1．*微观层面*

（1）商业企业的内部环境发生改变：市场经济制度的建立，使得企业运营机制被加速转换，用工制度与分配制度得到革新，促使企业成为自我发展、自主经营、自行约束和自负盈亏的一类经济实体，而企业革新速度、成果将决定其开展市场营销活动的最终成效。

（2）消费者有了新的需求：在以往的市场营销模式中，往往是商业企业营销哪些产品，消费者便会购买哪些产品，双方的供求关系简单明了。随着改革开放进程的持续深入，民众日常生活水平得到了持续提升，企业能供应的商品类型、数量与日俱增，此

时消费者也有了更高的需求层次、更强的购买力，这使得企业需要提供优质的服务与产品。

2．宏观层面

新形势改变了商业企业的市场营销法律环境、政策环境，而政府职能也同时发生了一定转变，即从以往对企业经济活动进行直接干预转变为间接对其进行调控，使商业企业得以在当中拥有更多的应变力和自主权。同时，价格与市场体系的完善，让企业能够在对企业定价和对目标市场进行选择时，能够拥有多种可供选择的策略。

（三）消费成为市场营销的新中心

在以往的营销模式中，卖方是市场主导，市场营销中心为卖方的实际需求，经由推销商品使买方的需求得到满足。而在市场经济条件下，买方（消费者与市场）的需求成为市场营销的新中心，买方需要什么产品、服务，卖方（企业）便会满足其实际需求。另外，企业还会结合市场的发展规律，对消费者的潜在需求展开进一步挖掘，为市场定位夯实基础。

二、市场经济条件下商业企业市场营销策略的合理选择

（一）对 STP 营销策略加以创新

所谓 STP，即营销学中的营销战略“三要素”：市场定位、市场细分以及目标市场。在新时期我国的市场经济条件下，商业企业在借助 STP 营销策略展开对应市场营销活动时，应当优先将企业自身的发展战略作为重点依据来进行市场细分。商业企业的发展战略属于对企业日常生产、营销等活动展开指导的核心要素，会伴随市场竞争环境以及企业的不同而发生改变。在实际应用 STP 营销策略展开营销活动时，市场的领导者、追随者以及挑战者均需要按照自身的不同战略内容和特征等展开详细分析。

例如，在市场的领导者细分市场时，应该按照当前企业在市场中的实际地位及其配置资源的实际状况，在选择目标市场、抉择市场覆盖等方式时，与其余类型企业相比，其可以集中覆盖所选择的目标市场。与之相反，商业企业在定位产品时，站在市场的领导者角度来看，需要关注便于开发的产品市场。

（二）全面注重品牌建设

当前商业企业如果想在日益激烈的市场竞争中得以存活和发展，在广大消费者中立足，需要对营销创新中品牌建设的作用与地位予以高度重视。从效果上来看，品牌建设会从多方面影响商业企业，其对市场营销创新中企业向消费人群承诺的利益与核心价值有着重要作用。所以，商业企业应该按照国内外有关营销创新以及品牌建设相互关联与

相应规则的研究，在分析中有效关联品牌建设投入与营销创新应当达到的目标，并且将二者需要投入的预算按照产出、投入关系展开合理的统筹规划，进而确保二者能够健康、和谐地发展。实践证明，商业企业在自身品牌建设中的投入与消费人群对企业品牌的忠诚度呈正相关关系，此项指标能够直接体现到企业自身市场销售额中。

与此同时，在场竞争愈演愈烈的大背景下，各大商业企业产品的同质化现象较为严重，特别是在消费人群自身需求逐渐个性化、多样化的情况下，企业亟须培养客户对自身品牌的忠实度。需要注意的是，与产品标志不同，企业品牌能够充分宣传企业的运营理念和文化，同时可以帮助企业与买家市场越来越贴近，并且能够挖掘出客户的喜好、潜在需求，进而将其融入到自身产品的设计当中。除此之外，在互联网信息技术得到广泛普及和应用的过程中，商业企业还需要牢牢把握电子商务发展契机，从而在网络当中进一步向消费人群展现自身的品牌文化，逐渐提升企业的口碑。

（三）合理细分市场

商业企业在细分市场时，应当对合理、科学的细分方法及其步骤进行严格遵循，并且要为细分之后市场的有效性提前制定更加科学的评判标准和衡量方法，另外，还要对各行业以及商品性质尝试突破与创新。企业在细分目标市场的过程中，应该优先考虑自身的未来发展规划和战略，而对市场细分的最终效果加以判别的关键点，便是按照企业行业及其产品的特征对目标市场采用最合理的细分手段。一般情况下，商业企业在进行市场细分时应该明确以下步骤。

（1）在对产品适应的市场范围进行选择时，需要充分结合企业的实际发展情况以及市场自身的实际状况。

（2）在产品在目标市场中消费者的实际需求时，应当结合市场范围和产品特性。

（3）去除市场中的共同需求，同时深入细分的关键凭证为各不相同的购买需求与购买特点，以便把市场整体细分成若干市场。

对于商业企业而言，合理的市场细分工作需要将具备连续上升潜力的盈利空间带给企业，同时也能够确保企业可以进入具备一定规模的盈利市场中，在此过程中还需要商业企业拥有水准较高的数据信息加工与分析等能力。例如，某企业在实际经营过程中针对各个机械化作业程度、类型以及目标市场的实际需求，选择了更加科学的差异化商品包装、指标。其中，对日本、澳洲等有较高机械化作业程度的国外市场选择了大包装，而对非洲、印度尼西亚等有较低机械化作业程度的市场则会选择小包装，另外，还会按照客户的实际需求及时调整企业的产品指标，最终确保在不同地区的市场中保持合理的产品价格定位。

（四）对企业产品进行合理定位

在此过程中的关键定位凭证，即有效选择细分市场以及特定目标市场，其基准为未获得满足的需求以及潜在需求，从而全面开发与实际需求相符合的产品和服务，并且有效界定传统市场的界限，借助创新的理念与行动来拓展全新的市场与领域。

此项工作的重点在于，应该对行业产品所在区间及其分布进行优先考虑，同时在对全新的以及没被满足的市场需求加以探寻的前提下，科学降低、削减传统行业所认定的影响因素，进而重新界定、划分行业与商业企业的产品市场，并且以创新的理念来开发符合市场需求的新产品，借助先进的信息技术与科学技术使产品科技含量被有效提高，从而使产品附加值得到提升，进而改善市场中的价格战实际情况，使市场具备更健康的竞争环境，使企业经济效益实现最大化。

总体而言，在全新的市场经济条件下，商业企业的市场营销工作将会面临越来越多的新机遇和新挑战，而在此过程中，它也会呈现出更多的新特点。因此，各大商业企业必须对市场营销的新特点进行全面了解和把握，将其与传统市场营销区别开来，勇于尝试新模式、新方法，进而在逐渐提升自身口碑、品牌效益的同时，不断提升自身的市场核心竞争力，确保企业得以在激烈的市场竞争环境中存活、发展。

第三节　现代经济流通环境下商业市场营销模式

随着当前现代经济流通环境的转变，商业营销与市场营销发展也随之产生了巨大的变化，若在经济流通环境下使商业企业获得更多的经济效益，可以转化企业发展模式，应用新型的商业市场营销模式，以商业营销与市场营销为视角，在现代经济流通环境下推广应用该模式，相对于传统市场经济发展具有无可比拟的优势。本节基于现代经济流通环境下，分析、探讨商业市场营销模式，为发展应用商业市场营销模式提供决策参考。

一、现代经济流通环境的分析

（一）社会文化环境因素

在当前的经济流通环境下，在制定商业市场营销模式中，能够结合现代人们的文化需求，从现代人类的信仰、知识、艺术、道德等方面，确保设计的营销模式获得现代人们的认同，可以使该营销模式很好地融入现代社会文化的环境中。在研究商业市场营销模式中，基于社会文化认同，优化营销文化，也可以使商业市场营销模式获得更多人的情感认同，从而使消费者更容易去接受其营销的产品，促使企业产品营销在现代经济流通环境下更好地发展。

（二）经济环境因素

一份中国食品工业协会发布的《2015年度饮料行业整体运行报告》显示，加多宝凉茶占据罐装凉茶市场70.6%的销售份额。加多宝创造性地在凉茶罐体上印上二维码，让金罐一跃成为新的流量入口，也使得加多宝成为快消品饮料业内率先布局“移动互联网+”的企业。在当前的经济流通环境中，企业在进入经济市场时，市场规模大，则商品流通量、流通需求也大。同样，在商品市场营销模式中，也应该从收入水平、通货膨胀以及市场商品供给状况等方面，分析市场中消费者的需求，确保企业经济效益在现代经济流通环境下得到提升。

（三）政治法律环境因素

对于企业市场营销模式制定中，在现代的经济流通环境下，不同的国家，其政治方面的法律环境也是不同的，也会对企业的市场营销活动产生较为直接的影响，制约企业营销活动的开展。在制定企业商业市场营销模式中，企业应该考虑市场经济流通中的政治法律环境因素，可以采取适当的方式，公平合理地解决营销争端，提升我国商业市场营销模式在国际市场经济流通环境中的应用价值。

二、传统商业市场营销模式的弊端

（一）对比商业市场营销模式

基于现代经济流通环境，分析、探讨优化商业市场营销模式的相关问题，以确保企业在现代市场经济中设置良好的商业市场营销模式，促使企业产品在市场中更好地流通。对于我国当前现代经济流通环境下，传统商业市场营销模式主要有终端广告营销模式、直销模式、代理商营销模式，相较于现代商业市场营销模式中的微营销模式、电商营销模式，还存在一些弊端。

（二）传统商业市场营销模式的弊端及因素

在现代经济流通环境下，企业商业市场营销模式的弊端及因素分析主要包括以下几个方面的内容：第一，在经济流通环境下，市场变化的加快，产品种类的增加，企业忽略顾客的不成熟性和企业资源的有限性对市场营销的影响。第二，传统营销模式满足市场个性化需求的成本过高；在传统的市场营销模式中，容易受到地理条件和交通工具等物理因素的限制。第三，传统营销模式满足市场需求的时间长、速度慢，将会阻碍企业商品在现代经济市场中的流通。

三、现代经济流通环境对商业市场营销模式的影响

（一）“虚拟企业”盛行

随着电子商务的全面发展，产生了众多的“虚拟企业”。所谓的“虚拟企业”，是指通过网络形式将一些独立的经营主体形成一个跨越空间局限的经营联合体，而且它们与真实的企业同样具有明确的分工功能，并基于供应链科学化管理电子商务“虚拟企业”，使得企业的运营效益与实体企业的运营效益无异。“虚拟企业”的出现体现出市场与竞争的新特点，同时增强了人们对虚拟化经营的内在需求，而且瞬息变化的市场往往以优质服务获得强大竞争力，这就要求无论是真实企业还是“虚拟企业”都必须具备灵敏的市场反应能力，及时调整自身的运行方案，促进可持续发展。

（二）商品流通呈扁平化发展趋势

在电子商务环境下的商品流通模式与传统商品流通模式相比，往往是以网络服务商为中枢，在众多中间商的合作下形成的垂直渠道。它是建立在先进的互联网或者局域网平台之上的，往往与商品生产者、中间商、消费者以及物流企业共同构成网络服务流通活动渠道，而且由于多方存在交互关系，因此，可以利用先进的互联网技术，从商品的销售环节抓起，严格地控制物流，加强信息沟通，在最短的时间内实现供应链、反应链、运行成本的最优化。可见，在电子商务环境下的流通模式效率高于传统商品流通模式。

（三）实现交易虚拟化以提升运行效率及质量

电子商务本质上是一个虚拟的市场交易场所，是一种采用先进信息技术的交易方式。它可以充分地利用营业窗口、网络等事项营销网络化，且具备跨时空局限的功能，能够与各个用户事项零距离互动交流，为用户提供各种各样的详细服务信息，形成良好的买方和卖方互动市场，以便更加准确地掌握市场动态，及时地调整流通方案。另外，在电子商务环境下，企业的客户范围遍布全球，有利于企业的健康、可持续发展。

（四）网络分销模式能够促进成本降低

在电子商务环境下，企业商品流通采取网络分销的形式，商品生产商可以根据流通渠道最简洁原则，构建最优、最便捷的流通方式。如企业自治网上直销，与客户实现网上信息交流，并且可以在网上签订协议，实现资金支付，由第三方付，也就是物流公司承担商品流通职责，或者企业与各个地方的分销商或者代销商通过互联网向消费者提供商品信息，实现商品销售，并且客户获取物流信息以及所产生的购买行为均在网上进行，然后由第三方（即物流公司）承担商品流通职责。消费者可以与生产商通过互联网直接

取得联系，保障双方的基本权益，维护双方利益的最大化。网络分销模式优化了传统商品流通模式，降低了生产成本，从而降低了商品的销售价格，帮助企业赢取价格优势，继而提升企业的社会信誉及市场竞争力，推动企业的健康、可持续发展。

四、商品流通模式在电子商务环境下的创新策略

（一）重视电子商务物流建设并加强优化管理

对于现代经济流通的环境下，发展创新的商业市场营销模式，强化电子商务物流建设工作，应该以企业客户的需求为中心，指导扩展商业市场，优化企业商贸流通中产品在市场上的营销模式，可以从企业产品的生产、流通以及售后服务等各个环节，优化整合商业市场营销模式。市场营销是一种企业活动，是企业有目的、有意识的行为。在电子商务这种现代经济流通环境中开展市场营销，应该满足并引导消费者产生消费决策。在商业营销中，可以分析电子商务大环境，精确地选择客户目标市场，从而可以确定企业经济发展战略，开发企业产品，凸显企业商业市场营销模式在当前环境下的作用，促使企业经济流通。不断地优化电子商务物流的管理工作，积极借鉴国外发达的管理经验，结合我国的实际情况，两者有机融合，发展出中国特色的电子商务物流管理体系，建立并且完善相应的奖惩制度，严明纪律，全面提升我国电子商务物流管理水平，缩小与国际发达水平之间的差距，提升我国电子商务物流国际竞争力，从而推动国内电子商务物流事业的健康、可持续发展。

（二）强化电子商务物流基础设施建设，自主研发电子商务物流技术

在电子商务环境下，可以确保企业能够通过互联网全天候地开展与自身市场营销相关的广告及营销推广服务，还能够把企业的广告与商品订购通过超级链接设置成一体的页面，可以刺激消费者的消费决策，从而促成客户购买的意愿。重视电子商务物流建设，加强法律法规建设与执行且优化管理；强化电子商务物流基础设施建设，并且自主研发电子商务物流技术，将我国的电子商务物流行业打造成物质集散地、交通枢纽，并且不仅在沿海口岸、城市中心设立电子商务物流中心，要将电子商务物流覆盖全国，建立其高速信息公路，为我国电子商务物流事业健康发展打好坚实的基础。另外，技术是电子商务物流生命延续的保障，因此在强化电子商务物流覆盖面，强化基础设施建设的同时，加大技术自主研发投入，推动我国电子商务物流事业的发展，为人民群众创造和提供更加便利、更加优质的物流服务。

（三）安全精准定位，发展商业市场营销模式

在现代经济流通环境中，发展商业市场营销模式，应当准确定位网上商业市场营销

宣传的对象，可以通过电子商务来确定好商业对象的范围与对象的喜好。例如，在我国当前经济流通中的电子商务环境中，阿里巴巴就主要针对企业电子商务对象服务，而淘宝、京东等一系列电子商务平台中，主要从管理网购对象、网络商家对象中获得经济效益。因此，在现代经济流通环境下，要想更好地发展创新商业市场营销模式，使企业的商业市场地位获得业界的肯定，使企业的市场营销收益获得提升，就要细分市场中的对象，有效地避免资源浪费。同时，强化电子商务中对于市场的舆论宣传，可以提高社会公众在电子商务模式下的商业市场营销意识，增强社会公众在商业市场营销模式的信任感，从而通过该商业市场营销模式，促使企业商品在现代经济环境下的流通。

（四）加强人才储备，全面提升相关工作人员的综合素质

加强人才储备，全面提升相关工作人员的综合素质，从而全面推进我国电子商务物流事业的健康、可持续发展，同时带动社会效率的提升，保障广大消费者的基本权益，缩小与国际发达水平之间的差距，提升我国电子商务物流的国际竞争力。培养员工换位思考的能力、引导客户价值决策的能力。另外，在员工上岗前进行统一的素质培训，即使上岗后，也要随时随地对员工的综合素质进行审核考察，可以定期安排员工进修深造，组织员工观看国外先进的管理、服务视频，共同学习，全面提高员工的综合素质，为广大的消费者提供优质服务，保障消费者的合法权益，从而提高企业的社会信誉，提升企业的市场竞争力，继而推动企业的健康、可持续发展。

综上所述，在现代经济流通环境下，应该优化商业流通模式，创新现代经济流通环境下的商业流通模式，结合市场经济发展需求，积极探索革新商业市场营销模式，有助于促进我国商业市场在经济流通环境下的流通发展，发挥积极作用。

第四节　电子商务环境下商业市场营销模式

首先对电子商务与商业市场营销的概念进行阐释，分析电子商务与商业市场营销之间存在的关系。根据两者之间的关系，分析出电子商务环境下商业市场营销具有促进经济资源合理配置、推动宏观调控政策落实、电子商务对市场经济秩序进行监管等优势，以及存在的营销问题、虚假广告与宣传、行业垄断和恶性竞争等劣势，进而从网络营销和传统营销的整合互动、时刻掌握消费者异动、关注新型的网络营销模式三个方面阐述电子商务环境下的商业市场营销策略，并从数据管理、营销管理、技术管理三个方面提出电子商务环境下商业市场营销模式的发展趋势，旨在促进营销方式的精准、高效。

市场营销的重点在于根据消费者的需求，提供相应的产品和服务，实现更好的流量转化率。基于电子商务环境下的商业市场营销，深入地理解网络回馈的数据，将消费者

精细划分，了解消费者的需求并深入挖掘消费者的消费取向，分析消费者的消费方向、消费水平等。研究电子商务环境下的商业市场营销模式，掌握适合企业发展的方法，为企业的营销策略提供借鉴。

一、电子商务与商业市场营销的关系

1．电子商务概述

电子商务是商业活动通过电子信息化手段实现的过程。近年来，淘宝、京东、苏宁易购等逐渐成为成功的、具有代表性的电子商务营销案例，逐渐丰富了电子商务的内涵，让很多人足不出户的同时，完成复杂的商务活动，为人们的生活提供了便利。同时，交易双方通过特定的 App 实现隔空交流，通过第三方支付平台进行付款，在通信过程中，有防火墙等措施保障用户账户的安全。在大数据时代，电子商务具有很高的普及率，呈现出电子商务的普遍性。电子商务营销具有很强的协调性，是对客户、经营者、第三方平台等进行综合协调的过程。电子商务活动和网络技术使电子商务活动效率大大提高。电子商务涵盖的范围广，是运用电子工具进行商品交换的过程，不是简单意义上的网络购物，在网络购物的基础上可分成两个层次，首先，是利用互联网对企业的内部进行重组进而进行经营管理的过程。电子商务协调企业内部各方面的关系，完成商务信息的转换和相关的营销活动。其次，是以市场为交易中心面向民众的交易活动。简单来讲，这种方式就是借助计算机和互联网完成在线交易，通过网络将复杂的手续变得简单，提高了工作效率。近年来，电子营销在企业中应用越来越广泛，电子商务这一渠道能有效地促进企业的发展。

2．商业市场营销概述

市场营销最早发源于美国，其适用范围十分广泛。商业市场营销是指企业或其他组织通过互联网进行的一系列经营活动，营销覆盖了从产品的生产、出场、分类、检验，直到销售的整个过程，是利用互联网的一种管理经营手段。通过商业市场营销能进一步开拓市场、增加盈利。市场营销是以消费者需求为中心的营销活动，随着互联网的发展，商业市场营销能准确把握和满足消费者的需求。

3．电子商务与商业市场营销的关系

电子商务需要利用互联网进行一系列的商务活动，电子商务的基本框架是互联网，只有通过互联网才能实现产品的购买和销售，进一步实现在线交易的过程。电子商务强调要在 Internet（国际互联网）、Intranet（内部网）、Extranet（外部网）中与合作伙伴密切结合，商业市场营销是借助互联网或其他媒体手段实现营销目标，并逐渐满足消费者需求的过程，电子商务与市场营销一样都必须以互联网为载体，采用数字化的方式进

行数据交换进而完成销售活动。市场营销是电子商务的外延，通过互联网提供的高效手段，对市场进行调查、对企业所面向的客户做深层次的分析、对产品的开发与检验、对产品的生产过程监督，以及对产品出场的分类与筛选等一系列的商务活动，促进企业进一步开拓市场。同时，对于产品的销售、根据消费者需求的变化而进行的销售策略转化，以及产品的销售价格与销售方法、客户的反馈和对客户意见的处理等都属于市场营销。市场营销是电子商务的外延，同时也是电子商务发展的基础。电子商务的实施为市场营销提供了便利条件，互联网没有时间和空间的限制，将互联网作为营销的载体，减少了在实际营销中出现的一些摩擦与碰撞，同时，互联网没有国别限制，能更好地促进企业的经济向着全球化发展。互联网的发展促进了电子商务的发展，进而为商业市场营销拓展了无限的发挥空间。对企业来说，Internet 是一个公开、公平的平台，中小企业逐渐进入国际市场、与国际上知名的企业进行交流与合作也不再是想象而已。电子商务的发展，为商业市场营销拓宽了更多的销售渠道，企业可通过互联网建立相关的客服平台，与企业客户之间进行实时交流，对比较特殊的客户或有问题的客户，可与其进行一对一的交流，进而快速解决客户的问题，使经营活动更加顺畅、高效。

二、电子商务环境下商业市场营销的优势

1. 促进经济资源合理配置

我国地域辽阔，市场资源分布并不平衡，尤其稀缺资源的利用率也存在较为严重的失衡。只有合理配置这些资源，才能控制资源浪费，进而发挥经济资源的最大利用率。在电子商务的引导下，市场体系建设完备，促进了多类市场的健康运行。其根本机理就在于有效利用市场调节的方式，对经济资源进行有效配比，进而依托市场的价格控制基础，对资源进行合理分配与再利用，引导稀缺资源向高效率经济部门流动，进而提升经济运行的实际效率。以房地产行业为例，地区间资源配置尤为重要，在生产资料不足的情况下，很难快速完成生产任务，但在电子商务的引导下，对接企业可将生产资源配置到位，进而控制生产成本，在很大程度上促进经济资源的优化配置。

2. 推动宏观调控政策落实

市场是微观经济活动的场所，我国宏观调控政策需借助市场的传递功能落实到交易环节中。在这样的过程中，市场并不具备主观引导能力，而电子商务则可利用自身的优势引导企业落实具体的政策，进而落实宏观调控政策。这种经济活动也是我国控制物价及商品供求关系的重要方式。在电子商务的调节下，多数企业可根据我国的经济发展方向制定自身的长期发展战略，形成对经济发展行为的驱动力，间接推动经济发展。市场体系的完善保证了经营方向的正确性，市场体系的构建需要依靠电子商务的引导，进而

明确国家宏观调控的政策目标，在企业经营行为中制定相应的方案，为市场营销发展注入驱动力。

3．电子商务对市场经济秩序进行监管

市场经济的快速发展需要一定的主导力量，而主导市场行为也需要电子商务进行监督管理，电子商务在一定程度上维系了市场经济环境的健康发展，进而形成了一定的约束力，创造了良好的市场经济环境。在自由贸易的主导下，即便有了准入条件的约束，但也未完全抵制不良企业在市场行为中非法操作。同时，电子商务部门可与工商行政管理单位相结合，监督审查这些企业的市场行为是否符合我国法律规定，进而维系稳定的市场经济良性运行。

三、电子商务环境下商业市场营销的劣势

1．存在的营销问题

当前，我国电子商务企业的规模相对较小，很多企业对电子商务的运用能力及对网络数据的分析和预测能力较为落后，对市场发展情况缺乏足够的重视，限制了企业的进一步发展。随着经济大发展，经济结构发生了一系列的变化，从而影响了电子商务企业的营销手段与营销策略。当前，电子商务企业的发展受到多方面的限制，单一的营销策略、营销策略花费与回报的不平衡等因素，在一定程度上限制了企业的发展。同时，企业缺乏相关的合作意识，与同行业企业的交流过少，使各企业之间存在很大的差异，在经营理念、营销策略方面都有很大不同，形成企业之间的恶性竞争。大数据与电子商务的发展离不开人才的推动，我国大部分电子商务企业都存在人才管理方面的问题，一方面，企业现有的管理人员综合素质较差，无法在激烈的竞争中迅速做出反应；另一方面，我国大部分电子商务企业的盈利空间较小，无法吸引高素质的营销人才。多种因素导致我国的电子营销企业营销管理策略出现很多问题，这些问题严重影响了企业的发展。

2．虚假广告与宣传

市场经济的良性循环需要稳定的市场秩序，而广告宣传是企业主要的营销行为。然而在激烈的市场竞争状态下，部分企业夸大宣传，以至于影响正常的市场环境。部分企业在工商管理部门未出面采取监督管理措施之前，没有意识到虚假信息对消费者存在多大的危害，也没有意识到虚假信息对自身企业的影响。只有对虚假宣传的企业进行处罚，才能保证经济大局的稳定性，促进市场经济可持续健康发展。2015 年至今，国家工商行政管理总局下属广告监督管理司共查处虚假宣传 382 起，惩处相关单位 692 家，收集证据 3952 份，这说明在电子商务的大环境下，很多企业用虚假的广告与宣传去吸引消费者的注意力，这种虚假宣传行为影响了市场经济的正常秩序，严重污染了广告市场的

环境，破坏了经济秩序。企业虚假的宣传对消费者的权益造成了威胁，同时，也打破了市场的规范性，商品的质量和商品的流通环节得不到有效的控制，导致假冒伪劣产品泛滥。尤其是在公共服务和食品安全领域，消费者的合法权益受到了极大的威胁。

3．行业垄断和恶性竞争

市场经济具备自由发展的特征，但过于自由发展也容易造成行业和产业垄断的现象，进而制约市场经济的良性发展。此外，市场竞争压力迫使企业降价销售，倾销滞销商品同样扰乱了市场秩序，而采取非正当途径打击、打压同行业的行为也会造成市场秩序混乱。这些不正当的竞争手段都是由于网络环境的发达及市场经济的进步。市场价格不平衡，一部分企业根本不遵循经济发展的客观规律，有关部门缺乏对企业生产经营行为的监督，使企业之间无法公平竞争，影响市场经济的健康发展，破坏稳定的市场秩序。

四、电子商务环境下的商业市场营销策略

1．网络营销和传统营销的整合互动

在个性化经济的发展中，催生出共享经济、零工经济等，而“亲密经济”也同为基于市场需求的消费体验升级。在社会发展的高速时期，快速消费在不断侵蚀城市生活的消费群体，而“亲密经济”与以往的经济学理论背道而驰，在寻求利益化的市场空间中谋求全新的发展机遇。可以说，“亲密经济”是时代发展的特殊产物，也是回归人文诉求的必然模式。当中国台湾“猫咖啡”兴盛时，经济学需要重新审视经济发展的动机和消费需求。当淘宝、京东、聚美优品、苏宁易购狂打价格战与品牌战的阶段，实体经济应回归消费体验的“亲密经济”发展模式，进而抢占市场话语权和消费体验的主导优势。当经济下滑，市场竞争激烈，现代企业谋求一线生机的可能，是否应立足于公共关系的服务理念，追寻“亲密经济”在企业发展中的实效性。据界面新闻观察，国内类似人与人之间“亲密经济”的商业模式尚未出现，全新的经济模式应当采取适当的发展观念，建设现代化的发展路径，将网络营销和实体营销相结合，促进企业的市场化营销更好地发展。

2．时刻掌握消费者异动

不同于传统客户分析中静态的结果，现代化的营销手段做出的客户分析往往是动态的结果，在产品的生命周期内客户的需求、喜好会发生很大的变化，甚至一部分产品的内涵都会发生改变，在变化的市场竞争中，很多产品无法准确把握消费者的变化，就在市场竞争中逐渐走向了消亡。想要在竞争中保持自身的市场地位，就需要对市场异动带来的冲击做好及时的补救。电子商务技术对客户的分析是通过大数据，而大数据的维度多样性使得电子商务技术具备及时性、灵活性的特点。通过使用电子商务技术，及时发

现客户的变化，将事后补救转化为事前预警，及时调整营销策略或对产品进行升级，使产品的更新跟上消费者喜好的变化。在产品的整个生命周期内，都要时刻注意产品结构的调整。例如，在产品刚刚投入市场时，产品预想的消费人群和实际上的消费人群可能会有很大偏颇，加上人们对新鲜事物的了解需要一段时间，这时不需要对产品结构进行调整；在产品生命周期的末端，企业需要根据电子商务判断消费者对产品的认知度，根据消费者的消费水平、价值取向将产品做出适当的调整。如服装行业，如果服装设计之初面向的是青少年，而能通过一段时间的观察，发现消费者群体主要是中年人，这就要寻找产品设计的原因，对品牌战略做出调整。

3．关注新型的网络营销模式

企业在发展的过程中，可通过电子商务平台逐渐发掘新型的网络营销模式。例如，用户画像技术又被称为用户角色，是勾画目标客户的有效手段。帮助企业对客户的信息进行全面的分析，利用大数据将客户的服务要求、产品喜好进行分析，找出客户的综合原型。用户画像能将客户的偏好与企业产品的设计思路有机结合，帮助企业通过日常生活中浅显的道理去改变产品的设计方向。用户画像根据用户的需求与产品的特征，逐渐形成用户角色。用户画像技术依托于大数据，将海量的信息进行拆分与整合，形成记录客户喜好与需求的便签。将其作为客户的虚拟代表。市场人员可根据这些便签准确地找出目标客户，将不同需求的用户进行区分，根据不同的分类对客户进行不同的调查与服务。用户画像分别对用户与市场进行研究，极大地避免了主观、客观因素的干扰，提高了调查的准确度。用户画像技术不同于传统客户分析中认识客户，更多的将用户的信息记录下来，与客户之间保持着友好的关系。通过了解目标用户的爱好与需求，有效提升了市场的反应速度。同时，企业利用用户画像技术能对企业的客户进行分类、分级处理。每个企业都有一个用户的金字塔形象，企业的最高消费者代表着企业的形象处于金字塔的顶层。以此类推，按照客户的消费水平和忠心程度，将一个企业的所有客户进行分层管理，通过用户的直观分层，企业可进行不同的调价策略或改变营销的手段，在认识和描绘目标用户的基础上对用户的信息加以整合，加快企业完成精准营销。

五、电子商务环境下商业市场营销模式的发展趋势

1．数据管理方面

广大电子商务营销企业需要对大量的网络数据与信息进行深入的分析与探究，通过对网络信息的分析，掌握消费者的受众与消费者的喜好，帮助企业把握未来的发展方向，选择最佳的营销时期，根据实际情况完善企业营销的方法。在电子商务环境下的企业在营销过程及在对网络信息的分析与管理过程中，要建立完善的企业运行机制。企业可通

过电子商务手段对大数据进行系统的分析，并建立自己的数据库，将所有信息进行分类保存，在需要时方便提取，并对数据库中的信息进行实时更新，定期对数据储备进行备份。同时企业要认识到合作的重要性，积极建立信息共享平台，与同行企业进行交流，学习对方的先进经验，分享本企业的相关数据，形成企业之间的信息共享平台。

2．营销管理方面

在电子商务环境下，营销企业的营销手段与策略受到消费者需求的影响，消费者的需求直接影响了企业的营销手段。想要在竞争中保持自身的市场地位，需要及时掌握市场的异动，通过对大数据的分析，企业负责人能及时发现消费者的变化，及时调整营销策略或对产品进行升级，预测消费者的喜好和消费能力，预测未来的消费趋势，立足于消费者的需求进行产品宣传，增加营销成功的概率。电子商务营销企业通过特定手段与消费者适时沟通，使产品的更新跟上消费者喜好的变化。企业需要充分把握消费者的心理，综合分析网络大数据，时刻注意营销手段的调整，分析判断消费者对产品的认知度，根据消费者的消费水平、价值取向将产品做出适当的调整，有针对性地进行自我整合和完善。

3．技术管理方面

在电子商务这一特殊的大环境下，需要有相关的技术将企业所需的信息整合与分析，企业需要着重研发数据收集的工具，对电子商务回馈的信息中呈现的企业营销方面的问题加以多重分析，企业还需要有专业的数据分析软件，根据企业的实际发展情况和未来的发展方向筛选出有价值的信息加以分析，并将所分析的结果应用到企业的营销与管理中，加速企业的运营效率。在电子商务环境下，技术人员的专业水平需要不断地提高，以适应社会的发展，企业需要着重地培养一批高素质的人才，建立专业的团队。使技术人员与管理人员均能熟练掌握大数据下营销管理的技术。通过对专业团队进行技术培训，使整个企业的技术处在尖端水平，能对任何数据进行准确的分析，在激烈的竞争中立于不败之地。企业可利用相关技术对消费者进行精准化推送。在传统的经营模式中，消费者是一个群体，在用户画像技术被广泛使用后，消费者群体就转换为具有不同特征的人群。随着科技的发展，互联网越来越多地应用在人们的生活当中，很多人都有属于自己的社交软件账号或者第三方账号，可以根据用户的个人情况、个人爱好，将消费者的信息进行整理，掌握消费者的偏好和需求等不同的消费者特征，之后对消费者进行更个性化的推荐。微信广告就是一个典型案例，通过对机器进一步优化，最终会增加在社交中的使用率。个性化推荐大大降低了企业的销售成本，在树立品牌形象方面，个性化推荐会考虑消费者的个人特征，避免骚扰所有的消费者，不会造成消费者的烦恼。用户画像与其他新媒体共同发展，为精准地投放广告提供了重要的依据，随着个性化推荐的普及，有助于产生更好的消费者体验。

在网络信息时代，电子商务已经广泛应用在商业市场营销中，市场营销是市场经济高度发展的产物，随着经济的发展，越来越受到人们的重视。本节通过对电子商务与商业市场营销之间存在的关系进行深入分析得知，电子商务环境下商业市场营销存在着一定程度的优势和劣势。通过网络营销和传统营销的整合互动、时刻掌握消费者异动、关注新型的网络营销模式方式，能有效使商业市场营销适应电子商务的大环境，并在数据管理方面、营销管理方面、技术管理方面逐渐提升市场营销的策略，使商业市场营销在电子商务环境下更好地发展。

参考文献

[1] 蔡金升．重视市场营销问题，提高科技产品竞争力 [C]．论提高科技产品国际竞争力学术研讨会论文集，2012．

[2] 陈杰群．中间商渠道上的营销问题分析及对策研究 [J]．知识经济，2013（24）：126．

[3] 陈自好，王文．中国钢铁企业市场营销策略研究 [J]．企业导报，2010（7）：137-138．

[4] 董昌林．工业品市场细分中的投射法应用 [J]．市场研究，2011（7）：24-26．

[5] 杜晓锋，徐敏．我国农产品市场营销的发展现状及创新方式 [J]．现代商业，2014（12）：20．

[6] 冯军．多元统计分析在市场细分中的应用 [J]．科技信息，2011（7）：167-175．

[7] 冯志强．市场营销分销渠道策划的研究 [J]．云南行政学院学报，2013，15（5）：251-252．

[8] 付筝．论商业模式的市场营销意义 [J]．市场观察，2015（S2）:226-227．

[9] 何伟，柴俊武，刘英姿．基于利益的客户细分中的利益内涵研究 [J]．管理学家（学术版），2009（2）：36-41．

[10] 胡正明，牛建波，王桂萍．经济全球化时代营销组织的发展探究 [C]．中国管理科学学术会议论文集，2011．

[11] 姜海洋，曾剑秋．基于 LBS 的移动电子商务营销模式及趋势 [J]．北京邮电大学学报（社会科学版），2015，17（2）：34-39．

[12] 李辉．市场细分的成功路径 [J]．市场研究，2012（4）：39．

[13] 李立．市场细分在市场机会发现中的作用探讨和分析 [J]．中国商贸，2011（9）：9-10．

[14] 李青．谈新经济时代企业市场营销战略新思维 [J]．商业经济研究，2015（2）：61-62．

[15] 李文娟，周怡．旅游企业电子商务营销模式初探：以淘宝网旅游网店的建立与营销为例 [J]．邵阳学院学报（社会科学版），2013，12（1）：63-68．

[16] 梁巧桥．基于不同分销渠道模式的中间商满意度管理研究 [J]．现代商贸工业，2011，23（11）：44-45．

[17] 廖卫红，周少华．移动电子商务互动营销及应用模式 [J]．企业经济，2012，31（3）：67-71．

[18] 林玉妹．浅议现代经济流通环境下商业市场营销模式 [J]．商场现代化，2017（5）：35-37．

[19] 刘海林．煤炭营销风险管理与控制分析 [J]．现代商业，2013（17）：74．

[20] 刘英姿，吴昊．客户细分方法研究综述 [J]．管理工程学报，2006，20（1）：53-57．

[21] 卢泰宏，杨晓燕，张红明．消费者行为学：中国消费者透视 [M]．北京：高等教育出版社，2006．

[22] 罗纪宁．市场细分研究综述：回顾与展望 [J]．山东大学学报（社会科学版），2003（6）：44-48．

[23] 马娟，黄婷婷．基于 4P 营销理论的电子商务企业定价策略研究 [J]．价格月刊，2015（4）：66-68．

[24] 马万里．中原粮棉油交易市场营销模式研究 [D]．郑州：郑州大学，2015．

[25] 齐严．论商业模式的市场营销意义 [J]．中国流通经济，2011，25（9）：88-93．

[26] 钱旭潮，韩翔．买方市场细分及营销策略 [J]．中国流通经济，2000（4）：31-34．

[27] 邱强．基于市场细分理论的苹果手机在华营销策略研究 [D]．大连：大连海事大学，2015．

[28] 沈山．论文化创意产业与艺术授权经营 [J]．经济前沿，2014（12）：56-57．

[29] 盛磊．创意产业：现代服务业新的增长点 [J]．经济导刊，2015（7）：78-82．

[30] 史有春．市场细分新范式：基于两类不同产品的实证研究 [J]．南开管理评论，2010（3）：26-35．

[31] 孙海涛．建筑市场细分与营销战略 [J]．中国房地产业，2015（9）：199．

[32] 孙洁涛．基于 4C 营销理论的企业微信营销的利弊分析 [J]．东方企业文化，2015（24）：125-126．

[33] 王玲．商品流通研究角度的市场营销学理论探析 [J]．时代金融（旬刊），2015（7）：196-198．

[34] 王曼．英美日三国文化创意产业发展经验解读及启示 [J]．浙江树人大学学报，2013（5）：32-37．

[35] 王妙．消费者行为分析 [M]．上海：复旦大学出版社，2008．

[36] 文启湘．新常态下商业流通经济的转型创新 [J]．商业经济研究，2016（2）：5-7.

[37] 翁文娟．基于电子商务平台的农产品营销模式研究：以重庆为例 [J]．中国农业资源与区划，2016，37（7）：206-210.

[38] 吴建安．企业市场营销学 [M]．2 版．北京：高等教育出版社，2004.

[39] 吴锦辉．高校图书馆微博营销模式构建与实践探索：以闽南师范大学图书馆为例 [J]．图书情报工作，2014，58（23）：110-116.

[40] 吴宣．商业模式的市场营销意义分析 [J]．中国商贸，2012（17）：28-29.

[41] 吴义强．现代经济流通环境下商业市场营销模式探讨 [J]．商业经济研究，2017（3）：70-71.

[42] 武剑青．商品流通研究的市场营销学理论渊源分析 [J]．科学与财富，2015（4）：44.

[43] 夏维力，王青松．基于客户价值的客户细分及保持策略研究 [J]．管理科学，2006，19（4）：35-38.

[44] 徐忠伟，周兴茂，王谭雅．关于文化创意产业的几个基本理论问题 [J]．重庆邮电大学学报（社会科学版），2013（6）：60-66.

[45] 许彩国．消费者购买决策影响因素分析 [J]．消费经济，2003，19（1）：51-53.

[46] 杨国栋．现代市场营销理论的新发展 [J]．环球市场信息导报，2014（22）：57.

[47] 杨占强．煤炭营销过程中的风险管理控制 [J]．中外企业家，2013（29）：148.

[48] 姚丹，王林．浅析商业模式的市场营销意义 [J]．现代经济信息，2016（1）：358+360.

[49] 于增翔．商业模式的市场营销意义分析 [J]．市场观察，2015（S2）：224-225.

[50] 赵丽颖．创意的个性化与产品的标准化 [J]．现代传播，2015（1）：134-136.

[51] 赵庆奎．论市场营销商业模式的意义 [J]．科技致富向导，2015（15）：180.

[52] 赵远胜．市场细分下市场营销策略的构建分析 [J]．商业经济，2016（2）：87-88.

[53] 朱昊．煤炭营销管理的创新与实践 [J]．中国煤炭工业，2010（11）：28-29.

[54] 朱远红．基于消费者行为的营销策略分析 [J]．现代商贸工业，2009，21（16）：124-125.